第二版 はしがき

二〇二一年に公刊した本書旧版は、類書がなかったこともあって、読者に好感を持って受け止められたようである。そのためであろうか、今回、出版社から改訂したい旨の申出を受けた。

転倒事故による大けが（腰椎圧迫骨折）後の厳しい後遺症の中で孤独に作業したことによるのか、あるいは、加齢による著者の脳の劣化に起因するのかは明らかでないが（多分、その双方であろう）、旧版には、いくつかの明白な誤りが発見されていた。ことがらの本質に関係するものではないにしても、不正確な記載があってはミスリーディングな文献になってしまう。著者は、誤りを可及的速やかに訂正したいと考えていたので、今回の第二版刊行の申出は絶好の機会であった。新たに三件の重要事件を補充するとともに、旧版にあったミスを訂正させていただくことにした。

新たに補充したのは、袴田事件、プレサンス元社長冤罪事件それに大川原化工機事件である。

袴田事件は、周知のとおり、死刑求刑事件について、捜査機関が有罪認定上決定的な証拠である物証をねつ造した（あるいは、その疑いがある）とされた事件である。この事件は、捜査機関が物証をねつ造するという「世にも恐ろしいこと」が現実にあり得ることを実証したものとして、もちろん重要である。しかし、本件は、そのことに止まらず、「いかに優れた裁判官であっても、捜査機関の違法行為を見抜くのは容易でない」事実を示す格好の実例となった。

また、本件は、結果的に見れば「明白な冤罪事件」であったにもかかわらず、その救済に約六〇年という気の遠くなるような長年月を必要とした。六〇年といえば、「生まれたばかりの赤ん坊が、立派なお爺さんになる」だけの期間である。人間に与えられた「人生」という限られた時間を、まるまる冤罪からの救済に充てなければならないというのは、どう考えても理不尽極まりない。

そういう意味で、本件は、冤罪からの救済手続を規定する現在の刑事訴訟法第四編（いわゆる「再審法」）に重大な問題がある事実を、改めて突きつけた。現在、日本弁護士連合会が推進している「再審法改正に向けた取組み」は、早急に現実化される必要がある。

他の二件は、平成の終わりから令和にかけて捜査された冤罪事件であり、本書で扱う事件の中で最新のものである。そこでは、昭和二〇年代、三〇年代の事件におけるように、被疑者に肉体的苦痛を与えて自白させる「古典的な拷問」は行われていない。しかし、プレサンス元社長冤罪事件は、「取調べの可視化措置」（録音・録画）によって取調べ状況が客観的に記録されている状況の中で、検察官が「まさかと思われる厳しい取調べ」を行って被疑者を自白に追い込んだ現実を示すものである。他方、大川原化工機事件では、捜査機関（警視庁公安部）が功を焦るあまり、本来輸出規制の対象となり得ない物件を無理やり規制の対象として立件・捜査し検察官が起訴した、いわば「事件そのものをねつ造」したともいえる恐ろしい事件である。本件は、検察官の起訴の取消しによる「公訴棄却決定」によって終局したが、長期勾留中被疑者の一人が病気によって死亡するという最悪の結果を招いた。まことに痛ましい事件といわなければならない。

この二件の例を見ると、捜査機関による違法捜査は、従来の「古典的な違法」から新たなスタイルに転換しつつあるように思われる。この事実は、裁判所に対し、可視化された取調べ状況や長期勾留のもたらす弊害に十分に目を配り、より厳しい姿勢で事件に向き合う必要があることを示唆するものと思われる。

本書は、もともと一般読者を対象としたものではあるが、もし、刑事裁判の実務に携わる者にとって「自戒の書」として受け止めてもらえるのであれば、これ以上の幸せはない。

なお、先に述べた袴田事件は、本来であれば、本書第二章の冒頭で触れるべき事案であるが、近時、再審法改正問題がクローズアップされていることにもかんがみ、本書冒頭に特別に配置することにした。

はじめに——誤判・冤罪はなぜ起きるのか

1　冤罪をなくすために

誤判・冤罪に関する報道は、後を絶たない。そして、身に覚えのない犯罪の嫌疑を受けて、いくら弁解しても聞いてもらえず有罪と認定される者（特に死刑にまで処せられる者）の気持ちを想像すると、冤罪ほど恐ろしいものはないと痛感する。私は、三七年間に及ぶ裁判官生活を通じ、何とかしてこういう悲劇をなくす方法はないかと考えてきた。そして、依頼者と直に接する弁護士となった現在は、その感をますます強めている。

神様ではない人間が裁判を行うものとされている以上、冤罪を「完全になくす」ことは不可能だと割り切るほかはない。裁判システムに完璧なものはないし、いかに優れた裁判官でも、人間である以上、「いつかは必ず判断を誤るものだ」と考えるほかないからである。それでも、冤罪者の味わう苦痛や口惜しさを思うと、われわれ刑事司法の運営に携わる者は、誤判・冤罪を一件でも減らす方向で最大限の努力をする責務があると思う。

そして、そういう観点から最も適切な方法は、過去の誤判・冤罪事例に学ぶことである。過去の冤罪事例がどこでどう誤ったのかを検討していくと、それには、捜査官による違法・不当な行為が介在していることが多いことに容易に気づかされる。そのような不正は、裁判の過程で徹底的に究明されなければならないが、実際の裁判においては、その現実を容易に事実と認めない優柔不断な裁判官が多いのである。捜査官の不正はもちろん許されないが、それを見逃す裁判官は、いっそう罪が重いともいえる。過去の事例におけるこのような不正に学び同種の過ちを冒さないようにするだけで、忌まわしい誤判・冤罪をかなりの程度阻止できるのではないか。

本書にまとめた一連の原稿では、過去の冤罪事件を素材にして、捜査官の違法・不当な行為が冤罪の原因になってきた事実、そして、そのことを裁判官に事実と認めさせるまでにいかに多くの苦労があったかを明らかにする。

本書はもともと、法律専門家向けではなく一般読者を意識して執筆したものである。そのことを考慮して、できるだけ平易な表現に努めたつもりだが、まだ堅苦しいかもしれない。その点は、ご容赦いただくほかない。引用文献は、最小限度に止めることとした。

2　捜査官による偽証・証拠隠滅・偽造（ねつ造）のメカニズム

警察官も検察官も、偽証や証拠のねつ造などをしようと思ってその職に就いた者はいない。みな、真犯人を捕えて社会正義を実現しようと志してその職に就いたはずである。そういう彼らがなぜ違法行為に手を染めるようになるのか。

その点は、捜査官も「捜査官である前に一人の人間である」ということを考えれば容易に理解することができる。凶悪な犯罪が発生して、真犯人の探索に熱意を示した捜査官の努力によって、ようやく犯人らしき人物X（被疑者）を特定して身柄も確保したとしよう。捜査官の長年の「カン」からすると、Xは犯人に間違いないように思われるが、証拠に乏しく、被疑者は容易に犯行を認めない。そのような場合、捜査官はえてして、自分の「カン」を信じるあまり、何とかして被疑者に自白させようと行き過ぎた取調べをして自白させる。しかし、その自白に基づいて起訴された公判において、被告人Xが「こんなにひどい取調べを受けた」と訴えた場合、捜査官は、当然のように、被告人の言い分を真っ向から否定し「紳士的な取調べをした」と虚偽の証言をする。自分が本当のことを証言すれば、自白の任意性・信用性が疑われ真犯人が逃れてしまうと考えるからだ。また、後に述べるように、彼らは、真実を証言すると組織内における自分の立場自体が危うくなることを本能的に理解している。

物証に関する作為の問題も、このことの延長線上にある。ようやく引き出した自白が重要な点で現場の状況など客観的証拠と矛盾するというような事態は、決してそれほどめずらしいことではない。そのような場合に、捜査官が「何とかして自白と客観的証拠の矛盾を解消したい」と考えることは十分あり得ることであり、それも、「一人の人間の心理としては」理解できる。もちろん、その考えを実行に移すことは絶対に許されないことではあるが、このような人間心理を前提とすれば、「その矛盾を解消できないために真犯人が逃げてしまう」と考えた捜査官が、証拠に手を加えないという保証はないと考えるべきである。

そして、捜査官が、仮にそのような違法行為に手を染めてしまった場合、公判廷で、これを認める証言をすることは「まずない」と考えるべきだろう。そういう行動に出れば、その捜査官が組織における立場を失うことは目に見えている。後に述べる二俣（ふたまた）事件（第5回）は、現職の警察官が、捜査の違法（拷問）を思い切って正直に告発・証言したというめずらしい事案である。しかし、この事案における警察官のその後は、組織内の違法を外部に告発した場合、告発した捜査官がいかに過酷な運命をたどるかを明らかにしている。多くの捜査官は、この実例を知っているかどうかは別として、そのような危険を本能的に察知して、容易に違法を認めないと考えるべきである。彼らは、そのような破滅の途をたどることを恐れて、よほど決定的な証拠を突きつけられない限り、違法行為を行ったと認めない。その行動も、通常の人間心理からすれば、容易に理解することができるのである。そして、このような場合、証人として宣誓していることは、偽証を阻止する上で何らの効果がない（この点についても後述する）。

　裁判官は、捜査官のこのような心理を理解した上で事実を認定すべきなのだ。

◆目次

◎再審制度を考える……………………………………

強盗殺人等の重大事件につき、連日の厳しい取調べによって虚偽自白させた上、犯人特定上の決め手とされた物的証拠など三点（五点の衣類など）を捜査機関がねつ造した

——袴田事件

【事件発生：一九六六（昭和四一）年六月三〇日】

・静岡地判昭和四三年九月一一日判時二五六六号三四頁（死刑）
・東京高判昭和五一年五月一八日判時同号六五頁（控訴棄却）
・最二小判昭和五五年一一月一九日判時同号八六頁（上告棄却）

［第一次再審請求］

・静岡地決平成六年八月八日判時同号八八頁（再審請求棄却）
・東京高決平成一六年八月二六日判時同号一〇九頁（抗告棄却）
・最二小決平成二〇年三月二四日判時同号一五〇頁（特別抗告棄却）

［第二次再審請求］

・静岡地決平成二六年三月二七日判時同号一五四頁（再審開始）
・東京高決平成三〇年六月一一日判時同号一九〇頁（原決定取消し、再審請求棄却）
・最三小決令和二年一二月二二日判時同号二二七頁（取消し、差戻し）
・東京高決令和五年三月一三日判時同号二三九頁（抗告棄却）
・静岡地判令和六年九月二六日（無罪）確定

本件は、住居侵入、強盗殺人、現住建造物等放火の罪で有罪とされ死刑が確定した元被告人（袴田巖氏）に対し、「犯人を特定する上で決定的な役割を果たした物的証拠（五点の衣類など）が捜査官によってねつ造された」として再審公判で無罪が言い渡された事案である。

本件は、死刑確定者に対し再審無罪判決が言い渡された戦後五件目の事件▼1であって、事件後六〇年近くも経過した後、巖氏が死刑台から完全に生還したという点で衝撃的である。しかし、再審無罪判決において、有罪認定の決定的証拠とされた物的証拠など三点について捜査機関のねつ造を明言したことは、いっそう衝撃的であった。

▼1　本件以前の四件とは、免田事件（本書第2回）、財田川事件（第7回）、島田事件（第13回）、松山事件（第15回）である。

1　どのような事件だったのか

袴田巖氏（以下「巖氏」）が起訴された事実は、「一九六六（昭和四一）年六月三〇日、静岡県清水市のみそ製造工場に隣接する専務取締役A方に金員強取の目的で侵入し、くり小刀で一家四人（Aのほか妻B、子供C・D）を刺突し、Aを殺害し、B、C、Dに重傷を負わせた上、金員を奪い、さらには、死体（瀕死の重傷者を含む）に混合油を散布してマッチで点火して四人を殺害し、建物を全焼させた」というものである。罪名は「住居侵入、強盗殺人、現住建造物等放火」であった。

2　捜査はどのように進められたのか

現場及び死体の状況等から、何者かがA方に侵入した上、刃物でAらを攻撃してAを殺害し他の三人に瀕死の重傷を負わせ、最終的に混合油を死体等に散布して点火し生存していた三人を殺害するとともにA方を全焼させた事実は明らかであった。警察は、みそ製造工場の従業員寮に住み込んでいた従業員巖氏が「ボクサー崩れ」であるということから同人に嫌疑をかけ、事件の四日後には事情聴取を始めた。しかし、巖氏が犯行を否認したため、その段階ではそれ以上捜査が進展しなかった。

事件の七週間後（一九六六〈昭和四一〉年八月一八日）、警察は巖氏を逮捕するに至った。逮捕の理由は、A方からの出火後、消火活動に当たった巖氏がパジャマを着用していたことが明らかであったが、そのパジャマから、微量ながら被害者らの血液型と一致する血痕が検出されたことなどである。

巖氏は、逮捕当初はアリバイを主張するなどして犯行を否認したが、連日、長時間（平均一二時間、最長一六時間）に及ぶ厳しい取調べを受けて耐え切れなくなり、九月六日に至って遂に自白に落ちた。自白内容はその後転々と変転するが、検察官は、犯行着衣を上記パジャマとした上で、自白に基づき巖氏を起訴するに至ったのである。なお、検察官は、起訴後も長時間の取調べを続けて次々に自白調書を作成した。

3　確定審の経過と結果はどうであったか

巖氏は、公判段階では再び完全否認に転じたが、起訴後約一年を経過した頃、工場のみそタンクの中から麻袋に入った五点の衣類が発見された。捜査官は、そのうち鉄紺色ズボンの端布が巖氏の自宅から押収されたという理由でこれが巖氏の衣類であると断定した。それだけでなく、捜査官は、衣類に付着している多量の血痕の血液型が被害者ら及び巖氏のそれと一致したという理由などから、これを「犯行着衣」であると断定した。その結果検察官は、従前の主張を大きく変更し、巖氏が犯行当時着用していたのは「パジャマ」ではなくこの「五点の衣類」であるとするに至ったのである。

第一審判決は、請求された四五通の自白調書のうち、起訴当日（九月九日）に作成された検察官調書一通を除き他のすべてを「証拠能力なし」として証拠から排除した。起訴前に作成された供述調書については、連日長時間にわたる厳しい取調べによって作成されたもので「任意性がなく」、また起訴後検察官が行った被告人の取調べは、起訴後に許される「任意捜査」としての取調べの限度を超えている、というのがその理由である。しかしながら、第一審判決は、それにもかかわらず、五点の衣類その他の証拠によって、巖氏が本件犯行に及んだ事実の証明は十分であるとして有罪認定をし、死刑を言い渡した▼2。

この判決に対する被告人の控訴、上告はいずれも棄却され、巖氏に対する死刑判決は確定するに至った。

▼2　確定第一審判決の主任裁判官であった熊本典道氏が、後年、「自分は反対意見（無罪説）であった」との事実を告白して話題を呼んだことは、周知のとおりである。

4　再審請求の経過と結果はどうであったか

（1）第一次再審請求

有罪判決確定の約一年半後（一九八一〈昭和五六〉年四月）、巖氏は（第一次）再審を申し立てた。しかし、この申立ては棄却され、即時抗告、特別抗告はともに棄却された。特別抗告が棄却されたのは二〇〇八（平成二〇）年三月のことであり、再審申立てから約二七年という長年月が経過していた。

（2）第二次再審請求

巖氏が長期の拘束によって心身に異常を来したことから、弁護団は、巖氏の保佐人に選任された実姉ひで子氏を請求人として、特別抗告棄却の一か月後（二〇〇八〈平成二〇〉年四月）に間髪を入れず第二次再審を申し立てた。

第一次再審請求でも、巖氏は五点の衣類がねつ造されたものである旨主張していたが、第二次再審請求では弁護団もこのねつ造問題に本格的に取り組んだ。弁護団が入手したねつ造に関する新証拠は二つある。①は、衣類に付着していた血痕のＤＮＡ型が巖氏のものとも被害者らのものとも一致しないというＤＮＡ型鑑定であり、②は、五点の衣類の色が、一年二か月もの間みそに漬かっていたにしては、血痕の赤やシャツの白地が鮮やかに過ぎることを示すみそ漬け実験報告書であった。

静岡地裁は、この①②の明白性をいずれも認めて再審開始の決定をした。決定によれば、①衣類に付着した血痕のＤＮＡ型は、鑑定の結果、巖氏や被害者らの血液のそれと一致せず、また、②五点の衣類の血痕やシャツの色は、一年二か月もみそに漬けられていたとは考えられないから、それら衣類が「後日ねつ造されたものと考えるのが最も合理的」であるというのである。そして決定は、そのようなねつ造の能力を有するのは、「捜査機関（警察）をおいてはほかにない」とまで踏み込んだ（以下、この決定を裁判長の名前を冠して「村山決定」といい、その後の決定についても同様の呼び方をする）。

　これに対し、検察官が即時抗告を申し立てたところ、東京高裁は、約四年の審理の後、原決定を取り消した上、再審申立てを棄却する決定をした（大島決定）。

　大島決定は、①ＤＮＡ問題について村山決定が根拠とした鑑定には、方法論的に問題があるとし、また②衣類のねつ造問題については、村山決定とは逆に、弁護人提出の新証拠によっても、五点の衣類が本件みそ製造工場のみそタンクに一年二か月漬けられていたことと必ずしも矛盾しないと指摘した。

　しかしながら、最高裁は、弁護人の特別抗告を容れて大島決定を取り消し事件を東京高裁に差し戻した。その理由は、ＤＮＡ問題に関する大島決定の判断は是認できるが、血痕の色問題に関するそれは容認できないという点にあった。最高裁は、高裁段階で弁護人が「メイラード反応による血痕の褐変」という主張をしているのに、高裁が理論的根拠を十分示さないままその主張を排斥したとしたのである。

　差し戻された東京高裁では、メイラード反応に関する科学者証人を取り調べたほか、検察官の行ったみそ漬け実験の結果などを踏まえた結果、「検察官の即時抗告を棄却する」決定をした（大善決定）。大善決定は、事実取調べの結果を踏まえ、血痕の付着した衣類を一年以上みそに漬けた場合血痕に赤みが残ることはないとして、捜査機関によるねつ造の疑いを肯定したのである。

　この決定に対し検察官が特別抗告を断念したため「（再審を開始した）村山決定」が確定し、静岡地裁で再審公判が開かれることになった。

5　再審公判はどのように経過したのか

検察官は、再審公判段階でも「一年二月みそに漬かっていても、五点の衣類のような色になることはあり得る」と主張し、証人の取調べも行われたが、結局その立証は成功せず、巖氏には、起訴後五八年を経過した後に「無罪判決」が言い渡された。この判決に対し、さすがの検察官も控訴申立てを断念した。

6　どのような違法捜査が行われたのか

(1)　自白の強要、ねつ造

巖氏に対する取調べが違法であることは、死刑を言い渡した確定第一審判決も認めていた。すなわち、第一審判決によると、捜査官は、八月一八日の逮捕後九月八日に起訴するまでの間、連日、一日平均一二時間（最長一六時間）もの厳しい取調べを行って、否認する巖氏を自白に追い込んだとされている。この取調べは、確定第一審判決によって、つとに「自由な意思決定に対して強制的・威圧的な影響を与えるもの」で、自白調書は任意性を欠くとされていた。しかも、再審段階で開示された取調べ状況の録音テープによれば、尿意を訴える巖氏をトイレに行かせず、室内で排尿させていた状況も明らかになった。

また、検察官は、起訴後も巖氏を取り調べ、合計一六通の供述調書を作成していたが、確定第一審判決は、これらについて、刑訴法上許された「任意捜査としての被告人の取調べ」によって作成されたものとはいえず証拠とすることができない、という判断を示し、起訴当日に作成された一通を除き、他はすべて却下していた。

（2）物的証拠のねつ造

巖氏が身柄拘束を受けたのは、一九六六（昭和四一）年八月一八日であるが、七月二〇日にはみそタンクに新たなみそが仕込まれたので、仮に巖氏がタンクに衣類を漬け込んで隠匿したとすれば、それらの衣類は、発見された一九六七（昭和四二）年八月三一日まで、少なくとも一年以上（約一年二か月）みその中に漬けられていたことになる。

　時間の経過とともに血液が次第に黒色に変化することは、われわれも日常の経験によって知っている。みその中だと空気が少ないから、それと同じではないにしても、一年二か月も経過すれば「血が黒っぽくなる」ことは容易に想像される。巖氏の支援者は、このような日常経験に裏打ちされた感覚によって、みそ漬け実験を繰り返した結果、遂には、五点の衣類が警察のねつ造によるものではないかという強烈な疑いを裁判所に突きつけることができた。

　そして、今回の再審無罪判決は、このねつ造を「疑い」レベルを超えて「明確に認定」した点で画期的である。それだけでなく、判決は、①この五点の衣類に止まらず、確定第一審で唯一採用されていた②巖氏の検察官調書（自白調書）、及び巖氏宅から発見されたことになっている③ズボンの端切れを含め、本件には「三つのねつ造」があると明言した。さらに判決は、捜査官がそのようなねつ造に走った理由として「被告人の有罪を確信して本件捜査に臨んでいた捜査機関において、被告人が無罪となることが到底許容できない事態であったことが優に認められる」点を挙げ、捜査機関のねつ造は「現実的に想定し得る状況であった」としてもいる。この説示は、筆者が本書でかねて主張していたところ（初版「はじめに」2、本書「はじめに」2）とほぼ同趣旨のものと理解することができる。遅きに失したきらいがないとはいえないにしても、捜査官による証拠のねつ造に関する裁判所の理解が進んだ点は、まことに喜ばしいことといわなければならない。

7　裁判所は、なぜ捜査の違法・冤罪を見抜けなかったのか

これに引きかえ、かねて本件の審理に当たった（村山決定以前の）裁判体は、上告審段階の担当調査官を含め、物的証拠のねつ造を見抜けなかった。これらの裁判体の裁判長は、いずれも「当代一流」と評価される優れた裁判官であっただけに、問題の根は深い。「裁判所は捜査機関に対し過度の信頼感を抱いている」と批判されても容易に反論できないように思われる。

8　袴田事件が改めて提起する現在の「再審法」の不備

「第二版はしがき」でも触れたとおり、無実の罪で起訴され死刑判決を受けた巖氏が無罪判決を言い渡されるまでに、起訴から数えれば約六〇年、再審請求からでも半世紀近い（四四年という）長年月が経過している。冤罪からの救済に、このような長期間が費やされた原因は複数あるが、中でも、①現行の再審法には、再審請求事件の処理に関する規定がないに等しいこと、②証拠開示の規定もないこと、

③せっかく再審開始決定が出されても、検察官の上訴によって審理がますます長期化することの三点は、特に重要である。

現に、本件（袴田事件）においても、第一次再審請求が最高裁の「棄却決定」で終了するまでに合計二七年という長期間がかかっているが、その間に検察官から開示された証拠はなく、実質的な審理はほとんどされていなかった。他方、第二次再審請求では、当初審理した裁判長が熱心に証拠開示を勧告したため、六〇〇点を超える証拠が検察官から開示された。そして、その中に、「五点の衣類のカラー写真やそのネガ」が含まれており、これがその後の弁護団によるみそ漬け実験の大きなヒントになった。ところが、静岡地裁（村山コート）がせっかく再審開始決定をしたのに、検察官による即時抗告などがあって、最終的に再審無罪判決までにさらに一〇年の年月を必要とした。

再審法がこのような欠点を抱える結果になった根本的理由は、第二次大戦後の刑事訴訟法の改正が、時間的限界から中途半端に終わり、結果的に、再審法部分は、旧刑訴法の規定を（不利益再審の規定を除き）そのまま使うことになった点にある。公判手続は、職権主義（旧刑訴法）から当事者主義（新刑訴法）に大転換したのに、再審手続だけは旧刑訴法の職権主義の規定が使われているのである。このように、「木に竹を接いだ」改正作業で、実務が適切に運用できるはずがない。この際、再審法について少なくとも最低限の改正を施すことが「喫緊の課題」であることが、誰の目にも明らかであるというべきであろう。

第一章

昭和23年から同30年まで

1948-1955

　この時期は、第二次大戦後の混乱期で社会自体が混とんとしており、多くの凶悪事件が発生した。しかも、捜査当局は、新刑訴法に慣れておらず、戦前の気風が強く残存していた上、国家地方警察と自治体警察との連携にも問題があった。これらのことが原因で違法捜査が頻発する結果となり、本書で取り上げた事件合計三一件のうち、実に約半数の一五件がこの時期のものである。

　個々の事件に当たってみると、違法捜査の恐ろしさは想像以上である。そして、それをチェックすべき裁判所の対応がいかに生ぬるいかも痛感させられる。

◆第1回

別件逮捕した被疑者を重大な本件で厳しく取り調べ、激しい拷問の末虚偽自白させた上、自白に「秘密の暴露」をねつ造した
——幸浦（さちうら）事件

【事件発生：一九四八（昭和二三）年一一月二九日】
・静岡地裁浜松支判昭和二五年四月二七日刑集一一巻二号六三一頁（三人死刑）
・東京高判昭和二六年五月八日刑集一一巻二号六八四頁（各控訴棄却）
・最一小判昭和三二年二月一四日判時一〇二号一頁（破棄差戻し）
・東京高判昭和三四年二月二八日判時一八二号四頁（三人全員無罪）
・最三小判昭和三八年七月九日判時三四〇号一七頁（上告棄却）

最初に取り上げる幸浦事件は、後に紹介する二俣事件（第5回）、小島事件（第6回）と並んで「静岡の冤罪三事件」と呼ばれたものの一つである。被疑者らを別件逮捕し激しい拷問によって虚偽自白させた点は他の二事件と共通であるが、本件においては、さらに、警察が埋没死体を独自に発見していたのに、これを被疑者の指示によって発見したかのような外観を作り出した疑いが強いなど、さらに重大な違法捜査が行われた。

1　どのような事件だったのか

A、B、Cの三名が共謀の上、一九四八（昭和二三）年一一月二九日午後八時頃、静岡県幸浦村の諸

飴等製造業Ｈ方に押し入り、Ｈ及びその妻と子供二人（五歳と一歳）の合計四人を手拭いあるいは細ひも等で絞殺した上、現金数万円と自転車一台及び衣類数十点を強取したとして起訴された事件である。

2　捜査はどのように行われたのか

幸浦村のＨ方一家四人が突然姿を消した。警察が家の中を見分したが、家の中は整然としていたので、当初は失踪の疑いも持たれた。しかし、県警本部から派遣された紅林警部補らの見立てにより、失踪ではなく犯罪（強盗殺人）の疑いが強いということになり捜査が開始された。

Ｈ方から海岸に至る途中で子供のおむつが発見されたりしたため、警察は、海岸一帯の砂浜も捜索したが、手がかりはなかった。その後、捜査本部は、一九四九（昭和二四）年二月一二日、地元の素行不良者であったＡを、軽微な別件（窃盗）で逮捕し、本件について厳しく取り調べた。Ａは、逮捕事実は認めたが、本件強盗殺人は断固否認した。しかし、Ａは厳しい取調べに堪えきれず、翌一三日、「ＣとＢの三人で本件強盗殺人を実行した」旨自白した。警察は、Ａの自白調書を作成したが、その際、死体を埋めた場所をメモに書かせた。

特に問題となるのは、ここから先である。警察の言い分では、二月一四日早朝海岸に赴いて、Ａの指示した場所を発掘したが、死体は発見されなかった。一旦帰署して再度取り調べると、Ａは、「これまで嘘をついていた。今度は本当のことを申し上げる」として、別の場所を指示する図面を書いた。そこで、警察がその指示された場所を発掘したところ、四人の死体が発見された、ということになっている。

Ａの自白に従い、共犯者とされるＣとＢも順次逮捕された。彼らは容易に本件を認めなかったが、両名とも、その後二月二〇日（C）と三月五日（B）に、それぞれ自白調書に署名した。自白によると、三人は、被害者らを殺害した後、死体を海岸の砂浜に埋めてから、一旦犯行場所に戻り、現金、衣類を盗み、盗んだ衣類を被害者方の自転車に乗せて浜松方面に向かい、翌朝、衣類と自転車を換金したことになっている。しかし、捜査の結果では、被告人らが浜松で盗品を処分したという自転車屋、古物商などは発見されず、最後の売り先としてAが述べたN方からも衣類は発見されなかった。ところが、警察は、同人方から自転車のハンドルが二個発見されたことから、Nを贓物故買罪で逮捕した。

結局、検察官は、これらの証拠に基づいて、A、BとCを強盗殺人罪で、Nを贓物故買罪でそれぞれ起訴したのである。

3　裁判はどのように進行したのか

第一審の静岡地裁浜松支部は、一九五〇（昭和二五）年四月二七日、A、B及びCをいずれも死刑に、Nを懲役一年罰金一〇〇〇円にそれぞれ処した。裁判所は、極めて問題のあるAらの自白調書の信用性を全面的に認めたのである。

控訴審である東京高裁も、約一年後、被告人らの控訴を棄却した。

これに対し被告人らが上告したところ、最高裁第一小法廷（真野毅、斎藤悠輔、入江俊郎）は、上告申立てから六年を経過した一九五七（昭和三二）年二月一四日、原判決を破棄して事件を原審に差し戻す判決をした。被告人・弁護人は、上告趣意において、被告人らに対する拷問や死体発掘の経過に関する捜査機関の作為を必死に主張したが、最高裁は、これらの点については一切答えなかった。最高裁が

原判決破棄の理由として掲げたのは、

① 被告人らが処分したという盗品が、N方から発見されず、Nがどう処分したかも証拠上明らかでない

② 三〇歳も年が違うAとCが本件のような犯行を共同して行ったという供述には信用性に疑問がある

③ 被害者の手を縛ったとされる紐について、出所、結び方の特徴と犯人との関係につき、未だ納得するに足りる審理がなされていない

ということであった。

差戻しを受けた東京高裁は、その後二年間にわたり慎重な審理を遂げた結果、一九五九（昭和三四）年二月二八日、第一審判決を破棄して、被告人らを全員無罪（ただし、Bの窃盗余罪は有罪）とする判決をした。判決によれば、最高裁で破棄の理由とされた点を含め、「あらゆる角度から審理を尽くしたが、強盗殺人、贓物故買の事実を認めるに足りる証明が得られない」というのである。

この判決に対し検察官が事実誤認を理由として上告したが、最高裁第三小法廷（石坂修一、河村又介、五鬼上堅磐、横田正俊、垂水克己）は、「（原判決が）被告人らに無罪判決をしたことは相当であった」として、上告を棄却した。

4　どのような違法捜査をしたのか

（1）　物的証拠の軽視と違法な別件逮捕

「静岡の冤罪三事件」のうち他の事件では、いずれも違法な別件逮捕とその身柄拘束期間中に行われた無理な取調べが問題とされているが、この点は本件でも同様である。最初に逮捕されたAの別件逮捕事実は、「（後に共犯者とされたCの）時計を盗み数日後これを返した」という類いのものであった。この事件は、あまりに軽微であったため、後に本件強盗殺人事件が起訴されるに当たっても起訴されていない。しかし、警察は、これらの別件について自白したAを本件につき厳しく追及し、自白を迫った。

（2）　拷問

警察が被疑者らに行った拷問の方法については、Aらが公判廷でまことに具体的に供述している。Aは、警察官から殴る蹴るの暴行を受けた以外に、焼け火箸を左右の耳翼裏と右手甲部に当てられて拷問された、という衝撃的な供述をした。

このやけどの痕跡については裁判所も無視することができず、第一審段階で「いつ発生したか」を鑑定させた。鑑定結果は、この痕跡が「太さ約五ミリの棒状の加熱体による火傷痕であること、それは受傷後半年以上経過したものであるが、経過日時の上限は判定できない」というものであった。鑑定書の日付は昭和二四年九月二四日であるから、半年以上前ということになると、Aが取調べを受けていた時点と一致する。もっとも、鑑定は「上限は特定できない」とするが、父、祖母などの証言で、Aが逮捕されるまでにやけどを受けたことがない事実が明らかにされていた。これらの事実は、Aが警察の拷問を受けた事実を明らかに示していると考えるべきであろう。

(3) 秘密の暴露の作為

「秘密の暴露」というのは、被疑者の自白中に、真犯人しか知り得ない事実が含まれていて、それがその自白に基づく捜査によって真実であると確認されることをいう。秘密の暴露があると、その被疑者の自白は高度の信用性があると評価される。

ところで本件においては、2で述べたとおり、Aは、自白の際に、死体の埋没箇所の図面を二度書かされている。そして、捜索に立ち会った警察官は、「この二度目の図面をもとに死体を捜索したところ、Aが指示した場所から死体が発見された」と全員口を揃えて証言した。もしそのとおりであるとすれば、これは「絵に描いたような秘密の暴露」である。一・二審裁判所が、客観証拠の不足している本件について、A ら三人に対し強盗殺人罪で有罪と認め死刑を宣告したのは、この点が大きく影響していると思われる。

しかし、この秘密の暴露には重大な問題があった。なぜなら、二月一四日に警察が死体発掘作業をしていたのを隠れて目撃していた者が、「警察は、あらかじめ死体のあった場所に鉄棒の標識をつけておいて、そこへAを連れて行った。Aは、最初他の場所を指示したが、警察官は強いて鉄棒のあるところを掘らせ、死体を掘り当てさせた」という証言をしたのである。さらに、検証調書を作成した検察事務官も、証人として、鉄棒があった事実を証言した。そのため、検察官は、この目撃者を偽証罪で起訴することもできなかった。その上、Aが正しい死体埋没箇所を書いたとされたメモは、結局「紛失した」とされて公判廷に提出されなかった。

5　裁判所の判断のどこに問題があったのか

以上のような証拠上重大な問題があるにもかかわらず、差戻前の一・二審裁判所は、被告人らの自白調書の任意性を認めただけでなく信用性をも認めてしまった。さすがに最高裁は、この事実認定のおかしさを見逃がすことができず、破棄差戻判決をした。しかし、最高裁は、拷問の有無など自白の任意性に関する主張については何ら判断を示さず、もっぱら事実認定の観点から原判決を破棄しただけなのである。しかも、それは、上告申立てから六年も経過した後のことであった。

最高裁が、拷問など自白の任意性を否定する主張に正面から応答することなく、自白の信用性の問題として解決する消極的姿勢はその後も続く。仁保事件（第14回）、鹿児島の夫婦殺し事件（第17回）などでも同様であった。最高裁のそういう生ぬるい態度が、違法捜査を根絶できない最大の問題であるというべきであろう。

しかし、そうは言うものの、本件について最高裁は、事実誤認の疑いを理由に死刑三人を含む原判決を破棄差し戻し、検察官の二度目の上告をも棄却して無罪判決を確定させた。この経過は、この時代の最高裁が「無辜の不処罰」について並々ならぬ情熱を抱いていたことの証左であり、その意義は特筆大書されるべきである。

睡眠時間も与えず長時間の厳しい取調べ（拷問）によって虚偽自白させた上、重要な証拠品である鉈や着衣を廃棄した
——免田事件

【事件発生：一九四八（昭和二三）年一二月二九日】
・熊本地八代支判昭和二五年三月二三日（死刑）
・福岡高判昭和二六年三月一九日（控訴棄却）
・最三小判昭和二六年一二月二五日集刑五八号七三九頁（上告棄却）
［第三次再審請求］
・熊本地八代支決昭和三一年八月一〇日（再審開始）
・福岡高決昭和三四年四月一五日（原決定取消し、再審請求棄却）
・最決昭和三六年一二月六日（特別抗告棄却）
［第六次再審請求］
・熊本地八代支決昭和五一年四月三〇日判時八二八号九五頁（再審請求棄却）
・福岡高決昭和五四年九月二七日判時九三九号一三頁（原決定取消し、再審開始）
・最一小決昭和五五年一二月一一日判時九八四号四一頁（特別抗告棄却）
・熊本地八代支判昭和五八年七月一五日判時一〇九〇号二一頁（無罪）

本件は、確定死刑囚が再審の結果「アリバイ成立による完全無罪」とされた衝撃的事件であり、死刑囚に対する再審無罪判決としては史上初のものである。免田さんは、死刑の執行に怯えつつ獄中から無

実を訴え続け、三四年後に青天白日の身となった。

1　どのような事件だったのか

第二次大戦の敗戦から間もない一九四八（昭和二三）年一二月二九日深夜、熊本県人吉市在住の祈祷師Sさん方に賊が押し入った。賊は、持っていた鉈（なた）でSさん夫婦と子供二人を滅多打ちにしさらに刺身包丁でSさんの頸部を刺して（その順序には争いがある）、夫婦を殺害し一〇代の娘二人に重傷を負わせた。室内には物色の形跡があるだけで盗られたものはなかったが、強盗殺人、同未遂事件として捜査が開始された。

2　捜査はどのように行われたのか

現場には、Sさんの頸部を刺したとみられる刺身包丁が遺留されていたが、この刺身包丁からはもちろん、犯人が開いて物色した形跡のあるタンスの引き出しからも、犯人の特定に役立つ指紋は採取できなかった。警察は、聞き込み捜査の結果から同市内に住む免田栄青年（当時二四歳）に嫌疑を抱き、約二週間後、遠方の知人方にいた免田さんを深夜人吉署まで強制的に連行し本件について取り調べた。取調べに対し、免田さんが軽微な別件（玄米窃盗）を自白したため、警察は同事実で免田さんを緊急逮捕した。その上で、警察は、この窃盗事件に関する自白調書を作成して送検する一方、引き続き本件について取り調べたところ、三日目に至り免田さんは本件犯行の一部を認めた。そこで警察は、別件窃盗罪について免田さんを釈放するとともに、改めて本件につき緊急逮捕した。取調官は、免田さんに睡眠時間を与えず暴力を使った厳しい取調べによって連日自白を迫った。免田さんは、一時自白を撤回して犯行を否認したが、堪え切れなくなって認めるに至り、詳細な自白調書が作成された。警察は、免田さんの自白に基づき、凶器とされた鉈やマフラーなどを知人宅から押収した。

検察官は、この自白調書をもとに免田さんを起訴した。

3　裁判はどのように進行したのか

起訴後も免田さんは、弁護人の助力を満足に受けられなかった。そのため、第一審の当初一、二回公判で事実を認める供述をしたが、第三回公判では一転して完全否認し、以後は一貫して否認を貫いた。免田さんはアリバイを主張した。要するに、「犯行が行われたとされる一二月二九日から三〇日にかけて、人吉市内の特殊飲食店（丸駒）に登楼していて、犯行現場には行っていない」というのである。しかし、確定審では、三審を通じアリバイが否定され有罪（死刑）判決が確定した。

免田さんは、獄中から懸命に無実を主張し再審を請求したが次々に棄却された。もっとも、第三次再審請求審では、一旦アリバイ成立を理由として再審開始が認められたが（裁判長の名前を冠して「西辻決定」と呼ばれている）、この決定は即時抗告審で取り消された。

再審請求はその後も棄却され続け、第六次再審請求も、第一審（熊本地裁八代支部）では棄却された。ところが、この決定が、即時抗告審（福岡高裁）で取り消され、第三次のときとは逆に「再審開始」が決定された。検察官の特別抗告も棄却され、再審開始決定が確定した。

そして、熊本地裁八代支部で開かれた再審公判で、裁判所は、免田さんのアリバイを正面から認め、

「真っ白な無罪判決」をしたのである。

検察官が控訴を断念したので、免田さんはようやく青天白日の身となったが、その間に三四年半の歳月が流れていた。

4　どのような違法捜査が行われたのか

(1) 逮捕状なくして事実上逮捕

警察は、捜査の結果免田さんに対する嫌疑を深め、逮捕状もないのに、知人I方にいた免田さんを警察官五人で取り囲んで人吉署まで強制連行した。I方から人吉署までは、深夜の山道を徒歩で二時間下ったのち、さらに自動車で行く必要があり、署に着いたのは翌日（昭和二四年一月一四日）の午前二時三〇分ころであった。これでは、「逮捕状なくして事実上免田さんを逮捕した」というほかない。

(2) 微罪による別件逮捕

人吉署に到着後、警察官は、免田さんに対し、一九四八（昭和二三）年の年末の行動を問いただした。すると、免田さんがその頃行った別件の玄米窃盗を自白したので、警察官は、盗難届提出の有無を確認した後この事実で免田さんを緊急逮捕した。しかし、これは重い本件の取調べを目的として、身柄拘束の必要のない軽微な別件で逮捕する典型的な「違法な別件逮捕」である。しかも、弁解録取書を作成したのは、逮捕状を請求してから半日も経過した後であった。

(3) 厳しい取調べ(拷問)による虚偽自白

警察官は、免田さんを厳しく取り調べて追及した。当時免田さんは、前年、橋からの転落事故で頭を打った関係もあって体調が悪かった。その免田さんに対し、警察は、連日長時間の取調べを行い、睡眠もろくに与えなかった。免田さんは、①事実上身柄拘束された一月一三日から一八日までの間で、舎房で寝たのはわずか一晩だけだった、②上衣やズボンを脱がされたまま取調べを受けた、③殴る蹴るの暴行も受けたと供述した。再審無罪判決は①②については初めてこれを認めたが、③については明確に認定しなかった。しかし、免田さんがこの点についてだけ嘘をつく理由はない。

(4) 重要な物的証拠の廃棄

確定審では、凶器とされる鉈の柄に「被害者と同じO型の血液が付着していた」とする鑑定書が有力な有罪証拠とされていた。しかし、この鉈自体は公判に提出されることなく没収(所有権を剥奪して国庫に帰属させる処分)もされなかった。そこで、免田さんはその返還を求めて民事訴訟を起こし、その結果、この鉈がいずれかの時点で紛失している事実が判明した。警察は、重要な証拠物である鉈を隠匿・廃棄してしまったとみられるのである。再審公判の無罪判決は、鉈の柄に「血液型の判定が可能な量の血液」が付着していたこと自体をも否定した。

5　確定審裁判所の認定にはどのような問題があったのか

免田さんは、3で述べたとおり、公判の初期段階で公訴事実を認めたが、それ以降は徹底して否認した。しかし、確定審裁判所は、免田さんが捜査段階だけでなく公判の初期段階でも事実を認めたことを重視して、その弁解を一蹴し続けた。

免田さんを犯行と結びつける直接証拠は自白しかなかったが、この自白には信用性を疑わせる点が無数にあった。自白には、いわゆる「秘密の暴露」（つまり、自白の結果、それまで捜査官が知らなかった事実が真実と確認されること）が全くなかった上、たびたび変遷し、客観的事実と合致しない点や常識上明らかに不合理と思われる点が多数あった。

一例を挙げると、現場にはおびただしい量の血液が流出し、自白された犯行態様からすれば、免田さんが大量の返り血を浴びたはずであるのに、免田さんが当時着用していたと自白する着衣（ハッピ）からは血痕が検出されなかった。自白調書には、このことを合理化するため、「犯行現場からの帰途、川で洗濯した」と記載されている。しかし、寒さの厳しい年末の深夜に、犯人が、着衣の血痕が消失するまで念入りに「川で洗濯する」という行動に出たという想定は、どう考えても不自然・不合理であり、かつ、そのような洗濯によって血痕反応が得られなくなるということも考えられない。しかも、生き残った被害者は「犯人がハッピを着ていた」とは供述していないし、当日免田さんに会った人の中に免田さんがハッピを着ていたと供述する人もいない。

裁判所は、このような多くの不合理を含む自白調書を信用して、免田さんに平然と死刑を言い渡したのである。

6　再審公判に至る経緯及び白鳥・財田川決定の影響

第三次再審請求は、一旦熊本地裁八代支部で認められたが（「西辻決定」）、高裁で取り消され、その後の再審請求も棄却され続けた。ところが、第六次再審請求棄却決定は、逆に福岡高裁で取り消されて「再審開始」が決定された。それは、事件から三〇年以上を経過した一九七九（昭和五四）年九月末のことである。そして、検察官の特別抗告が棄却された結果、本件については、ようやくにして再審公判が開始されるに至った。

第六次再審請求を受けた熊本地裁八代支部は、再審の門戸を広げる白鳥決定（第10回白鳥事件参照）の後であったにもかかわらず、結論として再審請求を棄却していた。この棄却決定は、白鳥決定が結論として特別抗告を棄却したことに影響されたものと思われる。他方、八代支部の棄却決定が高裁で逆転され「再審開始」に至るについては、八代支部決定の半年後にされた財田川決定（第7回財田川事件参照）が、再審請求を棄却した一・二審決定を取り消して事件を第一審に差し戻したことが大きく影響していると見られる。

7　再審無罪判決の事実認定

再審無罪判決（河上元康裁判長の名前を冠して「河上判決」と呼ばれている）は、免田さんのアリバイを正面から認めた「真っ白な無罪判決」だった。免田さんのアリバイは、第三次の西辻決定によって一旦認められながら、高裁で覆された経緯がある。しかし、河上判決は、この問題に再度正面から取り組んだ。そして、誰からもクレームをつけられない見事な事実認定を展開したのである。

アリバイに関する免田さんの主張は、「犯行のあった昭和二三年一二月二九日夜は、人吉市の特殊飲食店丸駒に登楼していた」というものであった。しかし、当夜相手になったはずのA子さんは、公判で「免田さんが来たのは三〇日だったと思う」と証言していた。A子さんは、その後「免田さんが来たのは二九日の誤りであった」旨証言を訂正したが、その供述が一貫しないため、西辻決定以外では採用されていなかった。

しかし、河上判決は、確定第一審や西辻決定の段階で収集されていた種々の物証（河上判決は、これらを「古色蒼然たる物証」と表現する）を中心に据えて、「免田さんが二九日、三〇日のいずれかに丸駒に登楼している事実は否定しがたい。しかも、それは物証との関係で三〇日ではあり得ない。したがって、免田さんが丸駒に泊まったのは二九日である」という、いわゆる「消去法による認定」で、アリバイ成立を認めたのである。

また、裁判所は、自白調書にある約三〇キロにも及ぶ逃走経路を裁判官自ら踏破する夜間検証を、しかも事件当夜に近い日を選んで行うなど、事実認定に意欲的姿勢を見せた。

8　弁護人の問題

本件当時は、当番弁護士や捜査段階の国選弁護人はもちろん制度化されておらず、起訴後選定される国選弁護人も十分な役割を果たしていなかった。本件における弁護人は、免田さんの実父の依頼により選任されたが、新聞記事で免田さんを犯人と思い込んでいたため、ほとんど会話もせず、適切なアドバイスをしていなかった。免田さんが、第一回公判で（殺意を除き）外形的事実を認める陳述をしてしまった点については、それまで刑事裁判を受けた経験のない免田さんが、弁護人から意味のある助言をほとんど受けられなかった点が影響しているとみられる。もっとも第三回公判で免田さんが否認に転じた後の弁護人の活動には、めざましいものがあった。刑事裁判における弁護人の役割の重要性を思い知らされる一場面である。

日本弁護士連合会（以下「日弁連」）が免田さんからの切々たる依頼に基づき再審支援に踏み切ったのは、第四次再審請求の申立て前後のことである。

第3回

殺人事件につき、ずさん極まる血痕鑑定を根拠に逮捕・勾留し、シャツの血痕までねつ造して死刑を求刑した
——弘前大学教授夫人殺し事件

【事件発生：一九四九（昭和二四）年八月六日】
・青森地弘前支判昭和二六年一月一二日刑集七巻二号三一四頁（無罪）
・仙台高判昭和二七年五月三一日刑集七巻二号三一五頁（破棄・懲役一五年）
・最一小判昭和二八年二月一九日刑集七巻二号三〇五頁（上告棄却）

［再審請求］
・仙台高決昭和四九年一二月一三日（再審請求棄却）
・仙台高決昭和五一年七月一三日判時八一九号一四頁（取消し、再審開始）
・仙台高判昭和五二年二月一五日判時八四九号四九頁（無罪）

［国家賠償請求訴訟］
・青森地弘前支判昭和五六年四月二七日判時一〇〇二号二五頁（一部勝訴）
・仙台高判昭和六一年一一月二八日判時一二一七号三九頁（逆転敗訴）
・最二小判平成二年七月二〇日判時一四一八号七五頁（上告棄却）

本件は、被害者が国立大学教授の美貌の若妻であった上、犯人として起訴された被告人が、「源平屋島の合戦（扇の的）」で有名な「那須与一」の直系子孫であったことから大きな話題を呼んだ。また、被告人の有罪判決が確定した後に真犯人が名乗り出、再審段階では、有罪の決め手とされた血液型鑑定

に重大な疑惑が指摘された。

1　どのような事件だったのか

一九四九（昭和二四）年八月六日深夜（午後一一時過ぎころ）、国立弘前大学医学部M教授の妻S子さんが、夫の出張中実母や幼い娘と同じ蚊帳（かや）の中で就寝していた際、侵入した何者かによって頚部を刃物で一突き刺されて死亡した。実母は異変に気づいたが、犯人はそのまま逃走し、現場には、犯人特定に役立つ物証は遺留されていなかった。

2　捜査はどのように行われたのか

警察は、付近の住民からの聞込みなどから、近くに住む那須隆さんに嫌疑を抱いた。そして、那須さんが事件後の八月二二日に友人宅を訪問した際、白いズック靴（以下「白靴」）を預けて下駄で帰宅したことを知り、その白靴を預かって、市の公安委員である開業医に血痕を検査させたところ「人血痕が検出された（ただし、血液型は明らかでない）」という報告を得た。それだけの資料しかないのに、警察は、翌二二日夕刻、庭木の手入れをしていた那須さんに出頭を求め、引き続き身柄を拘束して厳しく追及した。

しかし、那須さんはアリバイを主張するなどして完全否認を貫いた。警察は、勾留期限が切れるころ、那須さんの容疑を固めきれないまま、精神鑑定のため一か月間の鑑定留置を請求して認められ、その期間が終了すると、今度は自宅で押収した拳銃（先祖伝来の骨董品）の不法所持罪で別件逮捕・勾留して同罪を起訴した。そして、その後さらに本件殺人罪により再度逮捕した上、一〇月一四日、ようやく同罪で起訴するに至った。

那須さんには犯行の動機がなく物証も乏しかった。しかし検察官は、先に述べた白靴に関する血痕の検査結果に加え、任意出頭当日に那須さんの自宅から押収した白い海軍シャツ（以下「白シャツ」）に血痕（B型）が認められるという血液型鑑定（ただし、人血であると確認できない）、さらには、鑑定留置の結果提出された「那須は変態性欲者である」とする精神鑑定などをもとに、那須さんを起訴したのである。

3　裁判はどのように進行したのか

(1)　確定審段階

第一審（青森地裁弘前支部）の公判では、白シャツの血痕について、裁判所が当時血液型鑑定の第一人者とされていた東京大学法医学教室古畑種基教授に鑑定を命じ、同教授からは、被害者の血液型と白シャツ血痕の血液型の一致する確率は九八・五％であるという鑑定書（以下「古畑鑑定」）が提出された。しかし、裁判所は、那須さんを別件拳銃所持罪について罰金五〇〇〇円に処しただけで、本件殺人罪については、検察官の「死刑求刑」を退けて「無罪」を言い渡した。ところが裁判所は、無罪と認める理由を「その証明十分ならず結局犯罪の証明なきに帰する」とするだけで、実質的には何も説明しなかった。検察官は控訴した。

控訴審（仙台高裁）では、逆転有罪判決（懲役一五年）が言い渡された。控訴審は、古畑鑑定を全面的に信用し、これを逆転有罪の決め手としたのである。この判決は最高裁でも是認されて確定した。

（2） 再審段階

那須さんは、「模範囚」として服役しながらも、終始事実を否認していたが、自らの健康状態悪化に加え、末弟が水難事故で死亡したことなどを知って、「冤罪を晴らすためにはともかく出獄するしか方法がない」と考えた。そして、抽象的ながら事実を認める趣旨の書面を提出して、約一〇年の服役後仮釈放された。ところが、その後さらに一〇年近くを経過した一九七一（昭和四六）年に至り、事件当時那須さんの自宅付近に居住していて本件で取り調べられたこともある男性T氏が「自分が真犯人である」と名乗り出た。T氏は、別件で服役中、自分が行った殺人事件について那須さんが犯人とされ服役していることを知って良心の呵責に苦しみ、名乗り出ることにしたのである。

「真犯人」の出現に意を強くした那須さんと弁護人は、日弁連の支援を得て再審請求をするに至る。再審請求は仙台高裁で棄却された。しかし、異議審である同じ仙台高裁は、自らを犯人と認めるT供述が客観的事実によく合うことに加え、「那須さん有罪」の決め手とされた古畑鑑定に疑問を呈する新たな鑑定書などに明白性を認めて再審を開始した。

再審公判では、那須さんに対し無罪判決が言い渡された。この判決は明言こそしていないが、その論理によれば、有罪認定の決め手とされた白シャツ血痕が差押え当時のものではなく、後刻ねつ造された疑いがあるとするものである。

（3）国家賠償請求段階

那須さんは、国家賠償請求をし、第一審では一部勝訴したが、控訴審で逆転全面敗訴し、この控訴審判決は最高裁でも是認された。那須さんの訴えは結局認められなかった。

4　違法捜査の内容はどのようなものだったのか

（1）捜査経過全般について

那須さんの身柄を拘束した段階で警察が把握していた主な証拠は、被害者方から那須さんの自宅方向に向かう路上に血痕が認められたこと、那須さんが友人方に預けておいた白靴から血痕が検出されたことという、極めてずさんで不正確な情報（開業医による検査結果）だけであった。

その後、那須さんの自宅から押収された白シャツにも被害者と同じB型の血液が付着しているという検査結果も出たが、人血であることは確認できていなかった。それなのに、捜査当局は、一か月間の鑑定留置や別件による逮捕・勾留などで身柄拘束を長期化させ、最終的には本件殺人罪について二度目の逮捕まで行って那須さんを起訴したのである。

（2）白靴の血痕鑑定について

那須さんは、八月二一日夕刻、友人K方を訪れた際もこの靴を履いていたが、雨が降り出したため、靴をK方に預けたまま下駄を借りて帰宅した。警察は、その直後にK方からこの靴を借り出した上、市公安委員である開業医（松木医師）に血痕付着の有無に関する検査を依頼した。すると、同医師からは、

「紐の部分ほか数カ所の瘢痕は血液（人血）であるが、微量であるため血液型は不明」との回答があった。しかし、捜査当局が同医師に対し再度血液型の検査を求めると、同医師は「B型である」旨回答した。

捜査当局は、これではまだ心許ないと考えたのか、その後改めて、青森医学専門学校（後の弘前医科大学）引田教授に白靴の血痕鑑定を依頼したが、鑑定結果は、「瘢痕は血液との確証を得ない」というものであった。ところが当局は、引田教授の鑑定作業が終了する前に白靴を引き上げて、科捜研の北・平嶋両技官に再度鑑定を依頼した。しかし、提出された鑑定書（北・平嶋鑑定①）も「血痕は証明し得ず」というものであった。

このように、白靴からの血痕証明は専門家三人の鑑定によって否定されたのに、警察は、最初にされた松木医師の検査結果にすがりついた。そのため、同医師には正式な鑑定を依頼したことがなかったのに、後日、「B型の人血が検出された」旨の鑑定書を、ほか一名との連名で事実上作成させた。

検察官が第一審裁判所に提出して採用されたのは、このような「実体のない鑑定書」であった。

(3) 白シャツの血痕鑑定について

松木医師からは、白シャツについても、血痕様の瘢痕があり、「B型の人血」である旨の検査結果が伝えられたが、警察は、これについても引田教授に鑑定を依頼した。ところが、警察は、引田教授が本件白シャツの鑑定に着手する前にシャツを引き上げてしまい、科捜研の北・平嶋両技官に対し鑑定を依頼した。しかし、両技官から提出された鑑定書（「北・平嶋鑑定②」）は「B型の血痕である」とあるのみで、人血かどうかの記載がなかった。警察は両人に「人血かどうか」をさらに問い合わせたが、両名からの回答は「人血かどうかは不詳」というものであった。

そこで警察は、東北大学医学部法医学教室三木助教授に対し別途鑑定を依頼した。ところが、その際警察は、問題となっている血痕が「人血かどうか」が最大の問題であるのに、その点を敢えて問うことなく、「人血であること」を前提として「血液型の鑑定」だけを求めた。その結果、「血液型は、B型で被害者の血液型と一致する」旨の鑑定書（三木鑑定）を得たのである。

（4）白シャツ血痕のねつ造疑惑

捜査段階における鑑定にこのような問題があったため、裁判所は、法医学者に改めて鑑定させることとし、東京大学法医学教室古畑種基教授に白シャツの血痕鑑定を命じた。そして、同教授が提出した鑑定書（古畑鑑定）は、シャツの血痕の血液型は、被害者のそれと同じ「B、M、E、Q型」で両者が同一人物に由来する確率は、九八・五％であるとするものであった。確定控訴審における逆転有罪の決め手は、この古畑鑑定であった。

しかし、この鑑定には再審段階で重大な疑惑が提起された。まず、白シャツが、真実那須さんの犯行着衣であったとすれば、凶器を完全に隠滅したはずの犯人（那須さん）が、その後二週間以上も血痕付着のシャツを着用したまま日常生活をしていたことになる。この想定は常識的でない。血痕の色も、当初の引田鑑定の頃と古畑鑑定の頃とでは大きく食い違う。古畑鑑定を徹底的に批判する法医学者の鑑定書も提出された。異議審は、これらの鑑定書をも総合した結果、古畑鑑定が検討した白シャツの血痕は、押収当時には付着していなかったのではないかとして、事実上、警察による証拠ねつ造の疑惑を指摘したのである。

5　裁判所の認定について

確定第一審の無罪判決は、結論は正しかったけれども、検察官上訴を認める刑訴法を前提とすれば、「実質的に理由を説明しないに等しい」もので乱暴に過ぎた。逆に控訴審・上告審や再審請求審は、証拠の問題点を十分突き詰めないまま安易に有罪の結論を下したといわざるを得ない。異議審の判断によって那須さんは辛うじて救済されたが、もしその前年に、再審の門戸を広げるいわゆる白鳥決定（第10回白鳥事件参照）が出されていなければどうであったか。慄然とさせられる。

また、国家賠償請求訴訟において、裁判所が那須さんを最終的に全面敗訴させたことも残念極まることである。

◆第4回

決定的なアリバイ証拠を隠匿した
——松川事件

【事件発生：一九四九（昭和二四）年八月一七日】
・福島地判昭和二五年一二月六日刑集一三巻九号一七四九頁（二〇人全員有罪）
・仙台高判昭和二八年一二月二二日判時一六号一頁（原判決破棄、一七人有罪、三人無罪）
・最大判昭和三四年八月一〇日判時一九四号一〇頁（破棄差戻し）
・仙台高判昭和三六年八月八日判時二六七号七頁、二七五号六頁（全員無罪）
・最一小判昭和三八年九月一二日判時三四六号六頁（上告棄却）
〔国家賠償請求訴訟〕
・東京地判昭和四四年四月二三日判時五五七号三頁（原告勝訴）
・東京高判昭和四五年八月一日判時六〇〇号三二頁（原告勝訴、確定）

第二次大戦後の重大冤罪事件の代表格として挙げられるものの一つが、今回取り上げる松川事件である。この事件では、最高裁段階で、犯人とされた被告人のアリバイを証明する決定的な証拠（諏訪メモ）が提出されて逆転無罪に結びつくという衝撃的な展開があった。

1　どのような事件だったのか

事件は、一九四九（昭和二四）年八月に、福島県の東北本線松川駅近くで発生した鉄道爆破・列車転覆事件である。列車が転覆して運転手など三人が死亡した。現地の線路では、ボルト・ナットを抜かれて継ぎ目板が取り外されていた。

2　捜査はどのように行われたのか

捜査当局は、前月解雇された少年Ａ（元線路工）を軽微な別件（傷害）で逮捕して取り調べ、約一〇日で自白を得た。そして、その自白を手がかりに次第に捜査の範囲を広げた結果、当局は、当時大量の解雇（首切り）反対闘争をしていた国鉄労組とこれに呼応した東芝松川労組の間で連絡謀議（順次共謀）が成立し、この共謀に基づいて実行されたものと見立てたのである。

逮捕・勾留されて起訴された者は二〇人に達した。

3　裁判はどのように進行したのか

被告人らは冤罪を主張して公判を闘ったが、捜査段階でされた一部組合員らの自白が重くのしかかり、一審では、二〇人全員有罪（五人死刑）、二審では三人が無罪とされたものの、残りの一七人は有罪（死刑四人）とされた。

被告人らの上告を受けた最高裁では、当初係属した第三小法廷から大法廷に移され、最終的には、弁論が一〇日間も開かれるという異例の展開になった。そして、衝撃的であったのは、事件が最高裁に係属した後、マスコミのリークにより、被告人らのアリバイを証明する決定的な証拠（いわゆる諏訪メモ）の存在が明らかにされたことである。東芝側と国鉄側が本件犯行の共同謀議（連絡謀議）を遂げたとされたまさにその日に、犯行の中心人物の一人として連絡謀議に関与したとされた被告人（S氏）が、東芝松川工場で行われた使用者側との団体交渉に出席して長時間発言していることが、使用者側である諏訪氏作成のメモに克明に記載されていた、というのである▼1。もしそれが事実であるとすると、当日、東芝側と国鉄側が、国鉄労組福島支部で連絡謀議を遂げたとする検察のストーリーは一挙に崩壊してしまう可能性がある。

▼1　もっとも、一・二審で取り調べた証拠によっても、当日の団体交渉にS氏が出席していたこと自体は明らかであったが、S氏が交渉を中座したという供述もあり、果たして、S氏が連絡謀議の時刻に間に合うように中座し列車に乗ることができたかが争われていた。しかし、諏訪メモによると、S氏は、午前中の交渉終了間際にも長時間発言している様子がうかがわれるので、謀議に間に合うために乗らなければならない一一時一五分松川発の列車に乗ることは不可能であることが明らかになった。

このリークに接した弁護人は、最高裁に対し、諏訪メモの取調べを求め、最高裁は、検察官からすでに返還を受けていた作成者（諏訪氏）に対し提出命令を発した。その結果、メモは提出され、最高裁はこれを押収して法廷に顕出し、判決では、その存在が重要な理由となって二審の有罪判決が破棄された。事件は高裁に差し戻されたのである。なお、大法廷の弁論は、先にも述べたとおり、一〇日にわたって行われた。

差戻審は、詳細な事実取調べをした後「珠玉の真実を発見した」として被告人全員に対し完全無罪判決を言い渡した。この判決に対しては検察官が上告したが棄却され、全員の無罪判決が確定した。そして、その後、民事の国家賠償請求訴訟についても、一・二審の原告勝訴判決が確定した。

4　諏訪メモの隠匿は決定的な意味を持った

衝撃的であったのは、検察官が、諏訪メモの存在を無視して前記のようなストーリーを構築し、これに基づき起訴し公判を追行していたことである。検察官は、このメモがあることをおくびにも出さないで被告人らを起訴した上、首謀者とされる者に死刑の求刑までしていた。しかも、立証上邪魔になるメモを、上告審段階に至って作成者である諏訪氏に返還するという念の入れようである。その結果、一・二審では、検察官の思惑どおり、先に述べたような死刑を含む有罪判決が出されていた。恐ろしいことである。

確かに、本件では、第28回で紹介する郵便不正事件（村木事件）のように、検察官が物的証拠を積極的に改ざんしたわけではない。しかし、検察官が有罪立証の支障となる重要な証拠（物証）を無視して訴訟を進行させたという点で、冤罪原因は村木事件と同根である。そればかりか、決定的な無罪証拠を隠匿しながら、複数の被告人に対し「死刑」まで求刑したという点で、そのやり口は、村木事件における「フロッピーディスクの改ざん」以上に恐ろしいと言われてもやむを得ない。

証拠開示に関する規定が何もなかった本件当時の刑訴法の下では、このようなひどい証拠隠しを行うことが、現在よりさらに容易であった。本件では、たまたまそれがマスコミのリークによって暴露されたことが端緒となって、最高裁による「提出命令」に結びつき、事実上の証拠開示が可能となったに過ぎない。その結果、死刑判決という最悪の結果を回避することができたのは不幸中の幸いであった。しかし、もしそのようなマスコミ報道がなかったとすれば、無実の人が何人も死刑に処せられるという最悪の結果に結びついたはずである。そう考えて寒気がするのは、筆者だけではないであろう。諏訪メモという重要な物証が提出されたにもかかわらず、大法廷の結論は、七対五という僅差であったことを考えると、このメモは、決定的な意味を持ったと考えるべきであろう。メモが提出されなかった場合、上告が棄却されたことはほぼ確実である。

5　被告人に決定的に有利な証拠の隠匿は犯罪である

「被告人に有利な証拠を隠匿した上で被告人に対する有罪判決を求めること」は、常識的に考えて許されないことであるはずだ。ところが、この常識的な考え方が、裁判の世界では通用しない。そこでは、「検察官は、自分に有利な証拠を集めて提出すればよく、被告人に有利な証拠は被告人側で収集して提出すべきだ。検察官が集めた証拠を被告人に示す必要はない。これが、当事者主義を採用した刑訴法の精神だ」という主張が大手を振って通用しているからである。しかし、この主張は、刑訴法が、検察官に対し強制捜査（被疑者の身柄拘束、物的証拠の押収など）の権限を与えているのに、被告人側に証拠収集面でほとんど何も権限を与えていないという現実を無視するものである。そもそも、捜査官が国費を使って収集した証拠を捜査官が独占できるという理屈は、成り立つはずがない。ところが、裁判所は、なかなかこの考えを採用しない。
私は、被告人にとって決定的に有利な証拠（それも物的証拠）を検察官が隠匿する行為は、刑訴法上は「適法」のように見えても「刑法上違法」であり、場合により特別公務員職権濫用罪（刑法一九三条）を構成すると考えている。

6　証拠開示問題はその後どのように展開したのか

それにしても、本件でこのような危うい綱渡りになってしまった根本原因は、証拠開示制度に関する法制度の不備及び裁判所のこの問題に関する消極的態度にあった。それであるのに、裁判所は、その後も、証拠開示問題について相変わらず消極的態度をとり続けた。本件の大法廷判決の直後に出された小法廷判例（最三小決昭和三四年一二月二六日）は、大阪地裁がした訴訟指揮権に基づく全面証拠開示命令を検察官の特別抗告に基づいて取り消した。その理由は、「刑訴法にはそのような命令を裁判所が発し得るとする規定が存在しない」という趣旨の「完全な形式論」であった。しかも、驚くべきことに、この事件の担当調査官は、松川事件の調査官と同一人物である。

この判例の影響は大きく、証拠開示に関する議論は、その後数十年にわたって停滞してしまう。平成の時代になって、裁判員制度の施行を睨んだ刑訴法の改正により、裁判員裁判事件などごく一部の事件についてはある程度の証拠開示が認められるようになった。しかし、この改正は極めて限定的かつ微温的であり、問題の全面的解決には程遠い。そのため、警察・検察による証拠隠しは依然として後を絶たない。

過日、再審無罪判決が確定した袴田事件（冒頭）のほか、松橋事件（第20回）、東電女性社員殺害事件（第23回）などに、その顕著な例が見られる。

冤罪を防止するためには、裁判員制度とは無関係に、より徹底的な証拠開示制度を、早急に整備する必要がある。

7　参考

なお、松川事件は、広津和郎氏をはじめとする多数の文化人が、被告人らの無罪を主張して大々的な運動を展開したことで有名であり、山本薩夫監督により映画化もされた。また、諏訪メモのコピーは、現在、福島大学の「松川資料室」が所蔵している。他方、松川事件に関する膨大な資料を「ユネスコ世界記憶遺産」に登録する運動が意欲的に進められている。

◆ 第5回

拷問を告発した警察官を偽証罪で逮捕・勾留した
——二俣（ふたまた）事件

【事件発生：一九五〇（昭和二五）年一月六日】
・静岡地浜松支判昭和二五年一二月二七日刑集七巻一一号二三三〇頁（死刑）
・東京高判昭和二六年九月二九日刑集七巻一一号二三四〇頁（控訴棄却）
・最二小判昭和二八年一一月二七日判時一四号三頁（破棄差戻し）
・静岡地判昭和三一年九月二〇日判時九一号三頁（無罪）
・東京高判昭和三二年一二月二六日判時一三九号四四頁（控訴棄却）

この事件は、ある意味では、第4回で紹介した松川事件よりもはるかに恐ろしい事件である。なぜなら、松川事件で問題とされた諏訪メモの問題は「証拠（物証）の隠匿」の限度に止まる。しかし、二俣事件では、警察に不利益な証言（拷問の告発）をした警察官を、捜査当局が偽証罪で逮捕・勾留し、挙句の果てには、「妄想性痴呆症」という病名をつけて社会から抹殺してしまったからである。

1　どのような事件だったのか

事件は、一九五〇（昭和二五）年一月に発生した。それは、静岡県二俣町で親子四人が惨殺され現金約一三〇〇〇円が奪われるという強盗殺人事件であった。捜査当局は、目星をつけた素行不良の少年Sさん（当時一八歳）を、当初、別件の窃盗容疑で逮捕し、本件強盗殺人について取り調べた。Sさんは、窃盗自体はすぐに自白したが本件（強盗殺人罪）は完全否認した。しかし警察は、本件について厳しい取調べを続け、四日後、Sさんは自白に落ちる。そして、多数の自白調書を作成されて起訴されるに至った。

2　裁判はどのように進行したのか

ただ、Sさんと犯行を結びつける証拠は自白だけだった。Sさんに対する取調べは、外部に音の漏れない土蔵内（柔道の練習場にもなっている）で長時間行われた。Sさんは、後に公判廷で、この土蔵内の取調べで、殴る蹴る、髪の毛を引っ張る、引きずり回すなどの拷問をされたと生々しく供述している。

被告人がこのような供述をしても、捜査官側がそれを認めることはまずない。本件でも同様であった。ところが、本件においては、捜査の途中まで関与していた現職の警察官（Yさん）が、新聞紙上で拷問の告発をした。現職警察官であるYさんは、Sさんの無実を信じるものの、さすがにそのような行動に出ることを躊躇していた。しかし、Yさんは、Sさんに死刑が求刑されたのを知って、良心の呵責に耐えかね、敢然と決断したのである。さらに、Yさんは、弁護側の証人として、「当時、警察では、拷問を行う時は、音が外部に漏れない土蔵でしていた。本件でも、上司が『Sさんに相当なヤキを入れなければならない』などと指示していた。『ヤキを入れる』とは拷問を意味している」等の証言をした。まさに、衝撃的な行動といわなければならない。

しかし、Yさんに続いて証言台に立った二俣警察署長は、「Yは、日ごろの勤務がでたらめで、性格は変質的。今回の捜査でも、命じられた捜査に従わず、勝手な行動が多かったので途中から係を変えた」と証言した。

その結果、①裁判所は、Ｓさんの弁解やＹさんの証言を認めず所長や取調べ警察官の証言を信用し、Ｓ自白の任意性を認めて信用性も肯定し、Ｓさんに死刑を言い渡した。それだけでなく、②Ｙさんは、即日、偽証罪で逮捕・勾留された上、鑑定留置された。Ｙさんは、名古屋大学医学部教授の精神鑑定の結果、「妄想性痴呆症」という病名をつけられ、偽証罪は不起訴とされたものの、③免職となって警察官の職を失ったばかりか、運転免許証まで取り上げられてしまった。

Ｓさんに対する死刑判決は、控訴審である東京高裁では支持されたが、最高裁によって破棄された。最高裁は、拷問の有無については判断を示さなかったが、自白の信用性に疑いを抱いたのである。

差戻しを受けた静岡地裁は、「自白の任意性に疑いがある」として、Ｓさんに無罪判決を言い渡した。これに対し検察官は控訴したが、控訴審である東京高裁はこれを棄却した。

最高裁の破棄差戻判決は、自白の任意性や拷問の有無について黙して語らなかったが、差戻審である静岡地裁は、取調べ状況について詳細な審理を遂げた。その上で、静岡地裁は、「警察官らの証言は、Ｓさんの弁解やＹ証言などに照らし信用性に疑問がある」として、自白の任意性を否定した。判文は読み応えがあり、差戻前の有罪判決と比べ、はるかに説得力に富むものである。

かくしてＳさんは、辛うじて最終的に無罪とされたが、その陰には、警察官人生を棒に振ったＹさんの貴重な自己犠牲があった。

3　裁判官は捜査官の証言をなぜ盲信するのか──「宣誓神話」が生まれる理由

密室内での取調べの状況などに関し、被告人と捜査官の供述が対立すると、被告人がいくら真実を訴えても、多くの裁判官は、捜査官の言い分に軍配を挙げる。前回触れた松川事件がそうであったし、本件の差戻前の一・二審では、現職の捜査官であるYさんがSさんの供述を支持する証言をしているのに、拷問の事実を否定する警察署長らの証言を信用して、Sさんの弁解を平然と排斥した。そればかりか、平成の時代になっても、同様の論法を駆使して取調べに関する被告人側の主張を平然と排斥する裁判例は後を絶たない（例えば、天竜林業高校事件に関する静岡地裁浜松支決平成二八年一〇月二四日〈再審請求棄却〉、東京高決令和三年三月三一日〈即時抗告棄却〉、最一小決令和五年三月六日〈特別抗告棄却〉）。

その場合に裁判官が挙げる理由は、

① 被告人は罪を免れようとして嘘をつく動機があるが、捜査官にはない
② 捜査官は宣誓の上証言しているが、被告人は宣誓もしていないから、嘘をついても処罰されない
③ 捜査官が偽証罪で処罰される危険を冒してまで嘘をつくはずがない

というものである。私は、これを「宣誓神話」と呼んでいる。

しかし、この「宣誓神話」は、とんでもない誤りである。

まず、論拠①であるが、捜査官にも嘘をつく動機は十分にある。自分たちが捜査の過程でやり過ぎてしまった場合、それを正直に証言すれば、組織内における自分の立場を悪くする。次に論拠②③も誤りである。宣誓には、捜査官の虚偽証言を阻止する効果はなく、それはむしろ偽証を助長すると考えるべきである。捜査官が仮に法廷で嘘をついたとしても、それが捜査側・検察側に有利なものである限り、検察官がその捜査官を偽証罪で起訴することはあり得ない。逆に、本件におけるYさんのように、捜査官が自分たちのした違法捜査を正直に証言した場合には、その捜査官は偽証罪で身柄拘束の上取調べを受け（起訴されるかどうかは別として）、組織から確実に放逐される。

それだけではない。捜査官が被告人を犯人であると信じている場合、「真実を述べたら、せっかく自白させた真犯人まで取り逃してしまう。そんなことはしたくない」と考えるのは、ごく普通の人間心理である。

私は、裁判官退職後のことであるが、ある大物検察官OBから、以下のような衝撃的な話を直接聞いたことがある。その方は、「われわれは、検事に、法廷では多少の嘘をついてもよいと指導してきた。なぜなら、その結果真犯人が処罰されるのであれば、その嘘は大きな意味で正義にかなうからだ」と言われたのである。これは、「検事が起訴した被告人は必ず犯人である」という独断を前提とした驚くべき発言であるが、第一線の検察官の意識はこれと大差のないものではないかと思う。

法曹として高い教養を有するはずの検察官にしてそうである。裁判官は、警察官が法廷で嘘をつくことなどなんとも思っていないと考えるべきである。裁判官が、愚かな宣誓神話を信奉している限り、冤罪を根絶することはおよそ不可能である。

4　取調べの可視化によって冤罪は阻止できるか

裁判官のこのような「愚かな盲信」に業を煮やした弁護士層からは、取調べの場面をビデオ映像として残す、つまり「可視化する」のが唯一の解決策であるという主張が、強く行われるようになった。そして、第28回で述べる郵便不正事件（村木事件）を契機として立法化の動きが強まり、法務省も遂に重い腰を上げた。その結果、二〇一九年から、裁判員裁判事件などごく一部の事件についてではあるが、捜査官は、取調べを可視化しなければならなくなった。

しかし、現実に成立した可視化法は、義務的な可視化対象を裁判員裁判事件や検察独自捜査事件に限定しているだけでなく、任意取調べの場面は可視化の対象から除外されるなど、はなはだ不十分なものである。その上、近時の心理学者の研究によって、現在のように、被疑者を正面から撮影した映像は本質的にある種のバイアスをもたらすことが明らかにされてきた。したがって、可視化映像さえあれば、取調べ状況を正確に認定できると考えるのは幻想に過ぎない。

取調べ状況を正確に認定するためには、裁判官が前記3①ないし③のような誤った宣誓神話から、一刻も早く脱却する以外にない。

◆第6回

軽微な別件で逮捕した被疑者を重大な本件で厳しく取り調べ、激しい拷問の末虚偽自白させた
——小島（おじま）事件

【事件発生：一九五〇（昭和二五）年五月一〇日】
・静岡地判昭和二七年二月一八日刑集一二巻九号二一〇〇頁（無期懲役）
・東京高判昭和三一年九月一三日刑集一二巻九号二一〇三頁（控訴棄却）
・最二小判昭和三三年六月一三日判時一五三号九頁（破棄差戻し）
・東京高判昭和三四年一二月二日判時二一九号一一頁（破棄・無罪）

前回紹介した二俣事件とほぼ同じ頃、同じ静岡県内であと二件の重大冤罪事件があった。今回紹介する小島事件と、第1回で紹介した幸浦事件がそれである。一般に、この二件と二俣事件を合わせ「静岡の冤罪三事件」とも呼ばれる。

いずれも、それまで「名刑事」の誉れ高かった紅林刑事が重要な役割を果たしたという点で共通性がある。

1　どのような事件だったのか

一九五〇（昭和二五）年五月一〇日午後一〇時頃、静岡県内の平和な山村（小島村）で発生した強盗殺人事件である。犯人は、同村に居住する被害者（U女、三二歳）が一人で留守番している住居に侵入

し、二階で就寝中の同女の頭部、前頸部を斧で打ち割って殺害した上、現金二五〇〇円を強奪した。

2　捜査はどのように行われたのか

警察は、付近の素行不良者を次々に別件逮捕して自白を迫ったが、なかなか決定的な証拠を得られなかった。そのため、警察は、事件の約四〇日後、かねてU女方に出入りしていたMさんを、軽微な窃盗罪で別件逮捕し、厳しく追及した。Mさんは「身に覚えがない」として徹底否認したが、厳しい拷問に耐えきれず、逮捕後四日目に自白に落ちた。しかし、Mさんと犯行を結びつける証拠は自白以外になかった。Mさんは検察官の前でも自白したため、検察官は、Mさんを強盗殺人罪で静岡地裁浜松支部へ起訴した。

3　裁判はどのように進行したのか

公判廷で、Mさんは、「身に覚えがない。自白は警察の厳しい拷問に耐えきれずにした虚偽のものである」旨懸命に訴えた。

Mさんが述べる拷問の状況は、おおむね次のようなものであった。すなわち、

「六月二〇日鈴木刑事に正座したままの姿勢でズボンの膝頭をつかんで引きずられた際、両足の甲がむけて出血したが、間もなくかさぶたができかけた。そして、二二日、再度鈴木刑事に前と同様引きずられたため傷口が破れて大きくなり出血はひどく畳までよごした。同日望月主任が調書

作成中これを発見してマーキュロとペニシリン軟膏を買って与えてくれた。それで監房内でこの薬で手当てしていた」

そして、Mさんがマーキュロとペニシリンを所持していた事実は、刑務所への照会により確認された。また、当時同時期に収監されていたH氏が、一・二審公判で、Mさんが膝から下の方へマーキュロ液を塗っているのを見た旨証言した。さらに、現場検証の際にMさんに会った父親は、息子のもみあげのところが黒ずんでいるアザを見たと証言した。妹の証言も同旨である。

しかし、警察官らは、一致して拷問の事実を否定し、「マーキュロやペニシリンは、Mさんの水虫治療のために買って与えた」などと、あくまで拷問の事実はなかったと主張した。

一・二審裁判所は、これらMさんに有利な証拠は、拷問の事実を否定する一連の警察官の証言に照らし信用することができないとした。例えば、「マーキュロは水虫治療のため与えたもの」という警察官の証言が信用できるとしたのである。

第一審裁判所は、Mさんを有罪と認めて無期懲役に処し、控訴審も、Mさんの控訴を棄却した。

しかし、これに対しMさんが上告したところ、最高裁は、原判決を破棄して事件を原審に差し戻した。最高裁は、拷問の事実については、「被告人の言うところを、今直ちに、そのまま信用するわけにはいかない」としながらも、最終的に、自白調書の任意性を否定した。すなわち最高裁は、「（取調べが、）被告人が第一審以来供述してやまない程、過酷なものであったかどうかは別としても、そこにはかなり無理もあったのではないかと考えざるを得ない」としたのである。さすがの最高裁も、Mさんがマーキユロとペニシリンを使っていたという証言や、Mさんの受傷をうかがわせる父親・妹の証言などを「完全に無視」することはできなかったと思われる。

差し戻された東京高裁は、「本件被疑者の取調べには拷問の疑いがあり、Mさんの自白は任意性に疑いがある上、信用性も認められられない」「検察官に対する自白調書も警察の取調べの影響を否定できない」として第一審判決を破棄した上、Mさんに無罪を言い渡した。

検察官は、この判決に対する上告を断念し、Mさんの無罪が確定した。

4 何が問題だったのか

(1) 物的証拠の軽視と違法な別件逮捕

本件捜査の誤りの出発点は、例によって、物的証拠の収集を怠り、違法な別件逮捕によって引き出したMさんの自白に依拠して起訴したことである。本件は、犯人が夜間被害者方に忍び込んだ上、凶器を使用して被害者を惨殺し金員を強取したとされる事案であるから、現場に残された凶器や室内には、犯人の多数の指紋があって不思議はない。現場指紋とMさんのそれとを照合するだけで、犯人性の認定は、かなりの程度可能になるはずであるが、そのような観点からの証拠収集がされた形跡はない。

そして、警察の決定的な誤りは、違法な別件逮捕をしただけでなく、無理な取調べによって虚偽自白を引き出したことである。本件当時は、別件逮捕・勾留の違法性について、学説・裁判例の議論が十分されておらず、本件のような「典型的な別件逮捕」が堂々とまかり通っていたのである。

（2） 拷問とその認定方法

最高裁の判決文には、Mさんが公判廷で述べた拷問の状況が詳細に記載されている。それは、詳細かつ具体的で強烈な迫力があり、到底経験しない者が想像で述べ得るようなものではない。

しかし、取調べ警察官は、口をそろえて「そのようなことはなかった」と証言する。そうすると、裁判所は、被告人の供述よりも警察官の証言の方が信用できるとして、拷問の事実を否定してしまうのである。これは、二俣事件（第5回）で述べた「宣誓神話」による認定方法である。宣誓していない被告人の供述より、宣誓してする警察官の証言の方が信用できるというのだ。この考え方がとんでもない誤りであることは、すでに述べたとおりである。

本件の一・二審裁判所の認定は、まさに宣誓神話に毒されたものだった。拷問を受けたとする被告人の供述に具体性と迫力があり、それを裏付ける物的証拠や有力な第三者証言があってもなお、警察官の証言の方が信用できるとする一・二審の事実認定はどう考えても合理性がない。さすがに最高裁は自白の任意性を否定したが、被告人の供述をそのまま信用したものではない。このような裁判所の曖昧な認定方法が、捜査機関による拷問ないしそれに類似する取調べ方法を根絶させられない最大の理由である。

（3） 取調べの可視化との関係

第28回で取り上げる郵便不正事件（村木事件）を契機として「取調べの可視化」が提唱され、法務省に重い腰をようやく上げさせた結果、取調べの全過程ではないものの、重罪事件につき「一部可視化」が法制化された。したがって、現在では、本件で行われたような激しい拷問はできなくなったと思われるが、「警察による任意の取調べ」は可視化しなくてよいとされている。この「法の抜け穴」を利用して、取調官による暴力の行使が事実上見逃されてしまう現状は、なんとかしなければならない。

拷問（ないしこれに類する厳しい取調べ方法）の有無に関する裁判所の不合理な事実認定は、裁判所が宣誓神話から脱却しさえすれば容易に回避できるはずだ。「全面可視化」の法制化が進まない以上、裁判所は、一日も早くその方向に舵を切るべきである。

なお、この点については、第29回のプレサンス元社長冤罪事件で、新しい展開が見られた。

◆ 第7回

一〇〇日を超える厳しい取調べによって虚偽自白を誘導し、客観的証拠についても作為をした上「秘密の暴露」を偽装して死刑判決を確定させた

——財田川（さいたがわ）事件

【事件発生：一九五〇（昭和二五）年二月二八日】
・高松地丸亀支判昭和二七年二月二〇日（死刑）
・高松高判昭和三一年六月八日（控訴棄却）
・最三小判昭和三二年一月二二日（上告棄却）
［再審請求］
・高松地丸亀支決昭和四七年九月三〇日刑集三〇巻九号一七九三頁（再審請求棄却）
・高松高決昭和四九年一二月五日刑集三〇巻九号一八四一頁（抗告棄却）
・最一小決昭和五一年一〇月一二日判時八二八号二三頁（取消し、差戻し）
・高松地決昭和五四年六月六日判時九二九号三七頁（再審開始）
・高松高決昭和五六年三月一四日判時九九五号三頁（抗告棄却）
・高松地判昭和五九年三月一二日判時一一〇七号一三頁（無罪）

今回紹介するのは、「白鳥決定」（第10回白鳥事件参照）と並び称される、有名な「財田川決定」の事案である。最高裁判所第一小法廷が昭和五〇年にした白鳥決定は、「再審事件においても『疑わしいときは被告人の利益に』という刑事裁判の鉄則が適用される」など画期的判断を示していた。その翌年にされた同じ第一小法廷の財田川決定は、この白鳥決定を前提にした上で、新旧全証拠を総合評価した結

果、一・二審決定をいずれも取り消して事件を第一審に差し戻した、まことに画期的な決定である。

1　どのような事件だったのか

一九五〇（昭和二五）年二月二七日、香川県財田村のヤミ米ブローカーK氏宅に侵入した賊が、就寝中のK氏を刺身包丁で三十数か所滅多刺しにして殺害した事件である。犯行現場には、金が奪われた明確な痕跡はなかったが、捜査当局は、「胴巻きには二万円くらい入っていた」という別居中の妻の証言により強盗殺人事件として捜査を開始した。そして、検察官は、後日別件で逮捕した谷口繁義さんから「胴巻きから約一万三〇〇〇円を強取した」旨の自白を得て、同氏を強盗殺人罪で起訴したのである。

2　捜査はどのように行われたのか

捜査は難航に難航を重ねた。警察は、K氏がヤミ米ブローカーであったことから、多数のヤミ米関係者を取り調べ、また、地元の素行不良者などをも徹底的に取り調べた。その中には谷口さんも含まれていたが、この段階ではシロと判定されていた。

ところが、約一か月後、谷口さんは友人と二人で、同じ財田村の農協に盗みに入り発見されたため、逮捕を免れようとして、所持していた刺身包丁で被害者を傷つける強盗傷人事件（以下「別件A」）を起こした。この事件に飛びついた警察は、谷口さんを逮捕して本件についても厳しい追及を開始した。

谷口さんは、別件Aについては素直に認めたが、本件については徹底的に否認した。

検察官は、別件Aについて谷口さんを四月一九日に起訴し、六月三〇日には有罪判決（懲役三年六月）を確定させた。しかし、警察は、六月二九日以降、窃盗、暴行などの軽微な別件（以下「別件B」「別件C」）で谷口さんを次々に逮捕・勾留し、その間の身柄拘束を利用して長期間・長時間にわたり本件について取り調べたのである。

この厳しい取調べに堪えきれず谷口さんが七月二六日に自白したため、警察は、この自白を証拠として谷口さんを本件強盗殺人罪で再逮捕した（八月一日）。谷口さんが自白したのは、別件Aで逮捕されてから実に一一〇日以上も経過した後のことである。谷口さんは、その後一時否認に戻ったが、結局全面自白の供述調書が作成された。そして、八月二三日の起訴に至る。

3　裁判はどのように進行したのか

（1）有罪判決確定までの経緯

谷口さんは、公判で事実を徹底的に否認した。本件では、凶器も発見されておらず、血の海となっていた犯行現場には犯人が歩いた足跡もあったが、犯人の靴も特定できなかった。その他、検察官提出の証拠については、後に詳しく紹介するとおり重大な疑問が多数あったが、第一審の高松地裁丸亀支部は、何らの証拠説明もしないまま谷口さんを有罪と認め死刑を言い渡した。

そして、これに対する谷口さんの控訴・上告は、いずれも棄却された。

（2）再審請求以降の経緯

谷口さんは、獄中から再審の請求をして簡単に棄却されたがあきらめず、その後も、無実を訴える手紙を裁判長あてに提出した。しかし、この手紙は、正規の書面として扱われることなく、長期間、高松地裁丸亀支部裁判長の書類棚に眠っていた。ところが、この手紙が、その後着任した矢野伊吉裁判長の目に止まったことから、谷口さんの運命が変わり始める。矢野裁判長は、この手紙を正式な再審請求書として扱うことにしたのである。

矢野裁判長は、自ら大阪拘置所に出張して谷口さん本人から事情を聴取するなど種々の事実取調べを行って無実の心証を固めた。矢野裁判長は、本件は「とんでもない冤罪事件」であり、自白調書やこれと同旨の谷口さん名義の手記（五通）も「捜査官のねつ造」であると考えたのである。

矢野裁判長は、両陪席と合議を遂げ再審開始について了解を得た上で、自ら決定書を起案した。しかし、それが裁判所を激しく批判する内容であったことから、「決定後退官する」決意を固めて依願退官届を事前に提出していた。ところが、いざ決定という段になって、両陪席は「まだ証拠調べが必要」（要するに、「直ちに開始決定をすることに反対」）という意見に変わった。そのため矢野裁判長は、開始決定をすることができないまま「無念の退官」をせざるを得なくなり、その後は自ら弁護士として弁護団に加わって谷口さんの弁護に当たることとなった。

矢野裁判長のあとを引き継いだ越智傳裁判長は、谷口さんを有罪と認めるには証拠上多くの疑問があることを認めながら、結論としては再審請求を棄却してしまった。そして、高裁もこの結論を是認した。当時は、再審の門を広げた白鳥決定が出される前であったから、確定審の事実認定に問題があっても、よほど強力な新証拠がなければ再審は開始できないと考えられていたのである。

そのような経過を経てされたのが、先に指摘した最高裁の有名な財田川決定である。

財田川決定は、再審請求を棄却した一・二審の決定をいずれも取り消した上、事件を第一審に差し戻すという画期的なものであった。決定は、新証拠である筆跡鑑定（事実を全面的に認める谷口さん名義の手記に関する高村鑑定書）が「手記の筆跡と谷口さんの筆跡が同一人のものと認めることは困難」としていることに加え、旧証拠には第一審決定が指摘する種々の疑問があるので、筆跡の同一性につきさらに審理を尽くせば、確定判決の事実認定を動揺させる蓋然性もあり得た、としたのである。しかし他方、財田川決定は、矢野弁護士が自ら裁判官として担当した事件について裁判所を激しく批判している点について、痛烈に叱責した。

差戻しを受けた高松地裁では、その後二年半余りの時間をかけて多数の証人を取り調べた後、再審開始決定をし、検察官の即時抗告も棄却された。そしてこれを受けた再審裁判所は、さらに三年をかけて公判審理を遂げた後、昭和五九年三月一二日、谷口さんに対し無罪を言い渡した。これによって、谷口さんは、ようやく獄窓から解放されたが、その間に、なんと三四年の長年月が経過し、逮捕時一九歳の少年であった谷口さんは、釈放された時には、五〇台の半ば近くに達していた。

4　どのような違法捜査が行われたのか

主な違法行為を順次指摘すると、以下のとおりである。

（1）　別件逮捕・勾留について

谷口さんが、本件の約一か月後、友人とともに別件A（農協で強盗傷人事件）を惹起したことは先に述べた（2参照）。本件捜査が一向に進展しないことに焦慮していた警察は、この別件Aに飛びついて谷口さんを逮捕し、本件について厳しく責め立てた。そして、別件Aで起訴した後は、別件B、同Cなどの軽罪で次々と逮捕・勾留を繰り返して引き続き本件について追及した。別件Aはともかく、同B、Cは、もともと起訴価値のない軽微な犯罪であって、典型的な「違法な別件逮捕・勾留」であった。

（2）拷問について

警察は、谷口さんを長期間・長時間にわたり取り調べただけでなく、取調べにおいて、拷問まで行っている。谷口さんは、当時食欲旺盛な一九歳の青年であったが、警察は、食事を減らして谷口さんを兵糧攻めにした。さらには、正座している谷口さんの膝を護送用のロープでぐるぐる巻きにして責め付けた。自白は、このような過酷な取調べによって得られたものであった。

（3）国防色ズボンのすり替え問題と古畑（第一）鑑定の疑問

本件における唯一の物証は、犯行当夜谷口さんが履いていたとされる国防色ズボン（以下「ズボン」）とそれに被害者と同型の血痕が付着していたとする古畑（第一）鑑定である。

谷口さんによれば、「このズボンはそもそも自分が履いていたものではない」「それは兄のもので、差押えの当日は弟が履いていた。それを警察官が、無理やり脱がして差し押さえて行った」というのである。一見すると荒唐無稽な主張にも感じられるが、兄・弟だけでなく両親も同旨の供述をしており、谷口三兄弟と両親が、ここまで口を揃えてそのような「一見すると荒唐無稽に聞こえる」弁解をするとは考え難い。ズボン押収の経緯については、別件Aの捜査で押収されたズボンとすり替えられたとの主張も出されており、いずれにしても手続上かなりの疑問がある。

また、ズボンの付着血痕はごく微量であった。当初鑑定を依頼された岡山大学の教授は「微量で血液型を判定するに十分でない」としていただけでなく、古畑（第一）鑑定も、「微量のため十分な検査ができなかった」としていたのである。古畑鑑定は、それにもかかわらず、結論として、「被害者と同じO型である」としていたが、この鑑定は、再審段階の事実調べによって、古畑教授自らがした鑑定ではなく、「事実上大学院生に行わせて古畑教授の名前で提出された」ことも明らかになった。

（4）凶器及び黒皮短靴について

自白によれば、「凶器の刺身包丁は財田川に捨てた」ことになっている。ところが、谷口さんの指示に基づいてされた川さらいによっても、凶器は遂に発見されなかった。また、死体が発見された犯行現場は、「一面血の海」でおびただしい量の血液が流れており、それには犯人のものと思われる靴跡が明瞭に残されていたが、谷口さんが当時履いていた黒皮短靴がその靴跡に合致するとする証拠はなく、さらに、その短靴からは血痕が検出されなかった。そのため、この短靴は証拠として申請もされず、いずれかの段階で、（7）の事情により完全に消失してしまった。

（5）自白調書及び手記の偽造について

この点も、「一見すると荒唐無稽に聞こえる主張」である。

しかし、少なくとも手記は、第二次再審請求審の段階で裁判所が命じた筆跡鑑定（高村鑑定）によって「申立人の筆跡と認めることは困難である」とされていたものである。この点に関する谷口さんの言い分を前提とすれば、供述調書はともかく、「手記のねつ造」については、少なくともその疑いは十分あるというべきであろう。

（6）「秘密の暴露」（二度突き）の偽装について

谷口さんの自白の中には、「被害者を突き刺した包丁を途中まで抜いただけで、再度胸を刺した」という事実が述べられていた。そして、この点について検察官は、「二度突きの自白は、真犯人以外には述べられないもので、自白の信用性を客観的に保証する秘密の暴露である」と主張した。その論理は、次のとおりである。

① 被害者の胸には、入り口が一個でありながら、内部で二方向に分かれている創があった。

② 谷口さんは、自白の中で「一度包丁を抜きかけたが全部は抜かないまま止めを刺すため再度突き刺した」と述べており、自白はこの点で創の客観的形状と一致している。

③ 被害者の胸の創が内部で二方向に分かれているという事実は、被疑者（谷口さん）の自白当時取調官は知らず、取調官は、自白の一月後に鑑定書が送付されて初めて知ったことである。

④ つまり、谷口さんの「二度突きの自白」は、取調官が知らなかった事実でありそれが後日鑑定書によって事実と確認されたのだから、「真犯人しか知り得ない真相を述べたもの」と考えられ

る。

しかし、死体解剖時に、後の捜査主任官を含む複数の警察官がこれに立ち会っていたことは明らかであった。したがって、このような重要な事実が取調担当の警察官に伝達されなかったとは考え難い。そうすると、警察官は、心臓付近の創の特徴を事実上知っていて、そのことを前提として谷口さんを誘導し、「引き抜きかけたがもう一度刺した」という二度突きの自白を引き出したのではないかと考えるのが常識に合う。これでは、二度突きの事実を述べる自白は、「秘密の暴露」ではなく、警察官・検察官によって偽装されたものと考えるべきだろう。第1回で紹介した幸浦事件でも、死体埋没場所を捜査官があらかじめ知りながら、あたかも被疑者自身が指示したかのよう外形を作出したことを紹介したが、本件における「二度突きの自白」も、それと同根の違法行為であるといわなければならない。

（7） 公判未提出記録の一括廃棄について

死刑判決確定後、死刑執行の当否を検討する必要から、法務省が高松高検に対し公判未提出記録の提出を求めたことから、「それらが紛失している事実」が発覚した。その理由は明らかでないが、検察庁の内部において、公判未提出記録が忽然として消失したこと自体は歴然たる事実である。これによって、本件の捜査の経緯を後刻正確に検証することは、事実上不可能になった。

後に紹介する平野母子殺害事件（第25回）でも、事実認定上最も重要な物証（たばこの吸い殻）が、公判の過程でやはり忽然と姿を消した。しかし、本件で行われた物証廃棄は、それより遙かに大がかりなものであっただけでなく、事案が死刑求刑事件であっただけに、まことに恐ろしい違法行為といわなければならない。

（8） その他

本件については、その他にも違法行為がいくつも行われているが、これ以上の紹介は省略する。

5 感想

冒頭で述べたとおり、本件の特別抗告審決定は、「白鳥・財田川決定」と称される超有名な判例である。そして、財田川決定は、新証拠としては「手記の筆跡鑑定」しかなかったのに、一・二審の棄却決定を取り消して第一審に差し戻したものとして知られている。しかし、最高裁判所が、このような乏しい新証拠によって、なぜ前記のような思い切った措置に踏み切ったのかは、必ずしも知られていない。本稿で紹介した財田川決定の事案を具体的に知れば、最高裁判所がそのような思い切った措置に出た理由を容易に理解することができる。本件は、再審事件における「新旧証拠の総合評価」の重要性を、嫌でもわれわれに突きつけるものというべきである。

近時、再審に関する最高裁決定の中には、新旧証拠の総合評価に熱意を示さないものが目につくが（その典型例は、大崎事件第三次再審請求事件につき、一・二審の再審開始決定を取り消した上、再審請求を棄却した最一小決令和元年六月二五日である）、そのようなやり方では、忌まわしい冤罪は容易に救済できない。裁判所は、もう一度、「白鳥・財田川決定の原点」に立ち返るべきではないか。

第8回

拷問によって被疑者を無理やり自白させた上、被疑者が検察官に提出した拷問の事実を訴える手記などを隠匿し通した
——梅田事件

【事件発生：一九五〇（昭和二五）年一〇月一〇日】
・釧路地網走支判昭和二九年七月七日（無期懲役）
・札幌高判昭和三一年一二月一五日（控訴棄却）
・最一小判昭和三二年一一月一四日集刑一二二号一三九頁（上告棄却）
［第二次再審請求］
・釧路地網走支決昭和五七年一二月二〇日判時一〇六五号三四頁（再審開始）
・札幌高決昭和六〇年二月四日判時一一四一号三六頁（即時抗告棄却）
・釧路地判昭和六一年八月二七日判時一二一二号三頁（無罪）

二一世紀の現在でも、取調べにおける暴力の行使は時にみられるが、昭和二〇年代では、拷問が堂々と行われていた。

1　どのような事件だったのか

一九五〇（昭和二五）年一〇月と同二六年六月に、北海道北見市で、営林局職員二人（Oさん、Kさん）が公金を持ったまま、続けて行方不明になった。これは、首謀者Hが仲間と共謀して行った強盗殺

人事件であったが、それと知らない警察は、当初業務上横領事件として捜査していた。しかし、そのうちにまずKさんの遺体が山中で偶然発見され、捜査の結果、これが強盗殺人事件であり首謀者はH、実行者はSであると判明した（以下、Kさんを被害者とする事件を「K事件」という）。そして、逮捕されたHが取調べ中口を滑らせたことからOさんの遺体も発見され、これも強盗殺人事件であることが判明した（以下、Oさんを被害者とする事件を「O事件」という）。

O事件の実行者として、Hが梅田義光さんの名前を挙げたため、捜査機関は、梅田さんをO事件の犯人として逮捕し自白を求めた。本件は、以上のような経過で、梅田さんが「Hと共謀の上、Oさんを殺して一九万円を奪い、死体を遺棄した犯人」として起訴された事件である。

2　捜査はどのように行われたのか

当初発覚したK事件については、犯人としてまずSが逮捕され、Sの供述から主犯のHも逮捕された。ところが、1で述べたとおり、Hが取調べ中にOさん殺害の事実を漏らしたことから、地中に埋められていたOさんの遺体も発見された。そして、Hは警察に追及された結果、実行犯として、第二次大戦中の戦友であった梅田さんの名前を挙げたのである。

警察は、すぐに自宅に急行し梅田さんを緊急逮捕した上警察に連行しO事件の自白を求めた。梅田さんは当初懸命に否認したが、警察は、殴る蹴るの激しい暴行を加えて自白を求め、梅田さんもついに自白するに至った。かくして梅田さんは、Hとの共謀によるOさんに対する強盗殺人、死体遺棄事件で起訴されたのである。

3　裁判はどのように進行したのか

（1）確定審段階

梅田さんの事件は、H、SによるK事件と（分離・併合を繰り返しながら）併合して審理された。そして裁判所は、両事件の主犯であるHに対し死刑を、K事件の実行犯であるS及びO事件の実行犯とされた梅田さんに対し、いずれも無期懲役を言い渡した。

梅田さんは、公判廷で終始犯行への関与を否定したが、Hは、証人としても「梅田に実行させた」という捜査段階の詳細な自白を繰り返した。そして裁判所は、このH証言と梅田さんの検察官に対する自白調書によって、公訴事実が証明されたと認めた。判決に対しSは控訴せず、Hと梅田さんが控訴した。もっとも、Hの控訴は、自分の背後に主犯がいることを理由として量刑を争うものであった。これに対し梅田さんの控訴趣意は、O事件への関与を徹底的に争うものであった。

梅田さんは、「自白は警察の拷問によるもので真実ではなく、そのことを記載した手記（梅田手記）も検察官に提出してある。自分が無実であることは、犯行着衣とされる作業衣から血痕が検出されていないことからも明らかである」などと主張したが、検察官は梅田さんの手記も作業衣も「紛失した」と称して公判に提出しなかった。

（2）第一次再審段階

梅田さんは、無期懲役判決確定後、再審を申し立てた。弁護人は、再審請求に当たり、日弁連の支援を受けた上、検察官に対し、①梅田さんが検察官に提出した梅田手記と②押収されたままになっていた作業衣の還付請求をして還付を受けた。そして、作業衣に血痕の付着がない旨の法医学鑑定を得て、この鑑定書と梅田手記を新証拠として提出したが、裁判所は、これらは、再審開始の要件である「新規・明白な証拠に当たらない」という理由で再審請求を棄却し、この決定は、高裁、最高裁でも維持された。

（3） 第二次再審段階

梅田さんは、一九七二（昭和四六）年に仮釈放された後、再度の再審請求の途を探った。その結果、犯行状況に関する自白調書の内容が、Oさんの頭蓋骨の骨折状況と矛盾することが判明し、その旨の法医学鑑定などを新証拠として第二次再審請求をした。そして、網走支部は、この主張を認めて自白の信用性を否定し、再審開始決定をしたのである。この決定に対しては検察官が即時抗告を申し立てたが、棄却され、これによって一審の再審開始決定が確定した。

（4） 再審公判段階

再審公判では、釧路地裁が無罪判決を言い渡し、これに対しては検察官が控訴を断念したため、梅田さんはようやく青天白日の身となった。しかし、それまでに実に三五年の年月が経過しており、梅田さんの人生も家庭も決定的に破壊された。

4　違法捜査の内容はどのようなものだったのか

（1） 拷問

警察は、否認する梅田さんに対し、逮捕当夜から、数人で取り囲んで殴る蹴るの激しい暴行を加えて自白させた。これは、まさに「拷問」の名に値する激しいものである。再審無罪判決も、極めて遠慮がちな表現によってではあるが、梅田さんが「数人の警察官から暴行を加えられて自白を強要されたことが強くうかがわれる」旨認定している。

（2） 梅田手記と「犯行着衣」の隠匿

これに負けずに問題なのは、弁護人から梅田手記の提出を求められた検察官が、「紛失した」と称して、確定審段階では遂に提出を拒否し通したことである。この手記には、梅田さんが警察官から受けた激しい拷問の状況が詳細かつ具体的に記載されていた。

また、検察官は、梅田さんが犯行当時着用していたとされる作業衣も確定審の公判に提出しなかった。自白によれば、梅田さんはOさんの頭部をバットで殴打した後、ナイフで頭部を突き刺し、頸部を麻ひもで緊縛して殺害し、所持金を奪い、遺体を崖下の埋没場所まで引きずって移動させ全裸にした上、Hがあらかじめ掘っておいた穴に埋めたとされている。このような作業によって着衣に血痕が付着しないとは考え難いが、作業衣には血痕の付着が認められなかった。検察官は、無罪判決が出されることを恐れて、梅田手記や「犯行着衣」を隠匿したのである。

5　裁判所の認定について

（1）確定審段階

本件については、梅田さんと犯行を結びつける証拠は、梅田さんの自白と首謀者Hの証言（H証言）しかなかった。そして、裁判所は、梅田さんの警察官への自白は、激しい拷問によって得られた疑いがあると認めた。しかし、その後の検察官の取調べでは暴力が使われた事実がないという形式的な理由から、検察官に対する自白調書の任意性を認めたのである。また、H証言には、真実の実行者をかくまって虚偽の事実を述べている疑いがあったが、裁判所はその疑問を無視した。それだけでなく、裁判所は、梅田さんと犯行の関わりを否定する上で極めて重要な証拠（梅田手記と「犯行着衣」）を検察官が「紛失」したと称して提出しなかったのに、平然と有罪判決（無期懲役）を言い渡したのである。検察官の重大な不正義を看過して、梅田さんに平然と無期懲役判決を言い渡した裁判所の責任は重い。

（2）第一次再審段階

第一次再審では、確定審の公判に提出されなかった梅田手記と犯行着衣が提出され、着衣に血痕付着のないことも立証された。しかし、裁判所は、梅田さんが「手記と同様の弁解を確定審でもして認められなかったこと」、作業衣についても「検察官が提出しなかったことから、それに血痕の付着していないことは推察されたはず」などという、牽強付会（こじつけ）としか言いようのない珍妙な理由によって、新証拠としての新規性・明白性を否定してしまった。このような論法を使われると、再審が認められることはまずあり得ないことになってしまう。

（3） 第二次再審及び再審公判段階

第二次再審で申請された新証拠は、3（3）で述べたとおり、被害者の頭蓋骨の骨折状況が梅田さんの自白に合わないとする法医学者の鑑定書などであった。裁判所は、これらの証拠に基づいて再審を開始した上、再審公判では無罪判決を言い渡した。

第二次再審で請求された新証拠は、第一次再審で請求された（1）記載の手記や犯行着衣より、必ずしもインパクトが大きいとはいえないものであった。しかし、それにもかかわらず裁判所は再審を開始した。裁判所がそのような新証拠により再審を開始したことについては、第一次再審と第二次再審の間に出された白鳥・財田川決定（第10回白鳥事件、第7回財田川事件各参照）の影響が大きかったと思われる。再審段階においては、従前「疑わしいときは確定判決の利益に」と考えられていたが、前記両決定によって、「疑わしいときは被告人の利益に」という刑事裁判の鉄則が再審段階でも適用されると明言されたのである。もし両決定が出されていなかったとすれば、梅田さんが再審無罪とされることはなかったのではないかとさえ考えられる。

◆第9回

捜査・公判を通じ捜査側の多くの違法行為が介在し、最高裁の判決自体も二転三転し、一八年目にしてようやく無罪判決が確定した戦後最大の冤罪事件
——八海（やかい）事件

【事件発生：一九五一（昭和二六）年一月二四日】

・山口地裁岩国支判昭和二七年六月二日判時一二七号五三頁（死刑を含む五人全員有罪）①
・広島高判昭和二八年九月一八日判時一二七号五六頁（一部被告人減刑、一人確定）②
・最三小判昭和三二年一〇月一五日判時一二七号三頁（四人、破棄差戻し）③
・広島高判昭和三四年九月二三日判時二〇一号一〇頁（四人全員無罪）④
・最一小判昭和三七年五月一九日判時三〇〇号七頁（破棄差戻し）⑤
・広島高判昭和四〇年八月三〇日判時四三二号一〇頁（死刑を含む四人有罪）⑥
・最二小判昭和四三年一〇月二五日判時五三三号一四頁（四人全員無罪）⑦

老夫婦を殺害して金品を奪った強盗殺人事件について、単独で実行した旨自白した被疑者に対し無理な取調べをした結果、「五人共犯」の自白をさせて五名全員を起訴した上、第一次差戻後の控訴審では、真実のアリバイを述べる家族を偽証罪で逮捕・勾留の上起訴するなど、重大な違法捜査が多数行われた。

1　本件の特徴

今回紹介するのは、松川事件と並んで「戦後最大の冤罪事件」と言われる八海事件である。公判の経過自体も紆余曲折を辿っており、違法捜査も手が込んでいる。

本件は、弁護人である正木ひろし弁護士の著作『裁判官：人の命は権力で奪えるものか』（光文社、一九五五年）を題材として、巨匠今井正監督による映画「真昼の暗黒」が製作された事件である（一九五六年公開、橋本忍脚本）。これに触発されて有罪判決反対の国民的運動が盛んになると、田中耕太郎最高裁長官が裁判官会同で「世間の雑音に耳をかすな」という訓示をし、さらに、第一審の裁判長であった藤崎晙氏が、正木弁護士の著作に反論する「裁判官の弁明」として著書『八海事件』『証拠』を次々に出版したことなどでも超有名である。第一審以降、七次にわたる膨大な判決の全部が、正木弁護士の上告趣意書や弁論要旨、さらには一部被告人（阿藤）の長大な上告趣意書などとともに「判例時報」誌に収録されている点でも画期的である。

映画「真昼の暗黒」は、これを見たある冤罪事件（「京都五番町事件」）の真犯人が、自分の代わりに犯人として起訴されている裁判中の四人の少年たちに申し訳ないと反省し自首して出るという副産物があって、ますます話題を呼んだ。

2　どのような事件だったのか

一九五一（昭和二六）年一月二四日夜、山口県下八海部落の瓦製造業早川惣兵衛夫妻方に賊が侵入し、

夫妻を惨殺し現金一万七〇〇〇余円を奪うという強盗殺人事件が発生した。夫惣兵衛氏は、顔面血まみれで死んでおり、妻ヒサさんは、隣室で鴨居に吊るしたロープで首を吊った姿で発見されたのである。

警察は、当初、犯人として逮捕した吉岡から、「六人の」次いで「五人の」共同犯行という自白を得た結果、これを重視して、素行の不良な地元の青年である阿藤氏、A、B、Cの四人を逮捕・勾留の上山口地裁岩国支部に起訴した。吉岡は、公判でも全面的に事実を認めたが、残りの四人は、検察官の取調べ以降公判廷でも一貫して無実を主張して争った。

これに対する裁判所の判断は、控訴審と最高裁の間で、「死刑を含む四人全員有罪」→「無罪を示唆して破棄差戻し」→「全員無罪」→「有罪を示唆して破棄差戻し」→「死刑を含む全員有罪」→「原判決破棄・全員無罪」と二転三転した。本件の訴訟経緯は、このように裁判所の判断が大きく揺れ動いた点、及び最高裁が原審の事実認定に三度も介入した点で、他に例を見ない。

本件における捜査・公判の経緯と問題点は、現在の時点においても、「被告人が冤罪を叫ぶ多くの事件」の審理に関し参考とされるべきものを多数含んでいる。

3　捜査の経緯及び公判における争点

事件発覚当夜、吉岡は、血の付いた着衣で妓楼（遊郭）にいるところを発見され、取調べの結果、間もなく単独犯行を自白した。しかし、犯行現場の状況（2参照）などから「多人数による犯行」と確信する警察は、吉岡の交友関係を追及して、前科のある阿藤氏をはじめとする前記四人にDを加えた「六人による共同犯行」である旨、吉岡に自白を変えさせた。しかし、吉岡の自白は、その後、六人共犯から五人共犯→二人共犯（しかも、共犯者が途中で変わる）→単独犯→五人共犯などと激しく揺れ動いた。他方、阿藤氏ら四人は、警察で当初否認したが間もなく自白させられた。しかし、四人は検察官の取調べ以降は、一貫して、犯行への関与を否認した。

そのため、本件における最大の争点は、一貫して自己の犯行関与を認め着衣に血痕も明らかであった吉岡は別として、他の四人の関与の有無（証拠の上では、共犯者である吉岡自白の信用性）であり、その争点との関係で、阿藤氏らに関するアリバイの成否、物的証拠の評価などが激しく争われた。

4　裁判の経過

裁判の経過は2でも触れたが、もう少し詳しく、その特異な経過を紹介する。

（第一次第一審から上告審まで）

・第一審判決（①藤崎判決）では、「阿藤は死刑、他の四人（吉岡、C、B、A）は無期懲役」であったが、「阿藤、C、B、Aは控訴」「吉岡は不控訴」、「阿藤を除く四人について検察官控訴」

・控訴審判決（②伏見判決）では、「阿藤の控訴及び吉岡に対する検察官控訴を各棄却、残りの三人について原判決を量刑不当により破棄」「Cは懲役一五年、B・Aは各懲役一二年）」となったが、「吉岡を除く被告人四人上告」（吉岡は服役）

・上告審判決（③垂水判決）では、四人について「原判決破棄、差戻し」

（第二次控訴審と第二次上告審）

・第二次控訴審判決（④村木判決）では、「原判決破棄、四人全員無罪」であったが、「全員につき検察官上告」

・上告審判決（⑤下飯坂判決）では、「原判決破棄、差戻し」

（第三次控訴審と第三次上告審）

・控訴審判決（⑥河相判決）では、「阿藤について控訴棄却（死刑）」「C、B、Aの三人について、原判決破棄（Cは懲役一五年、B・Aは各懲役一二年）」であったため、「四人全員上告」

・上告審判決（⑦奥野判決）では、「原判決破棄、四人全員無罪」

以上のとおり、最高裁では、三度にわたり弁論が開かれ（第二次の下飯坂コート、第三次の奥野コートでの弁論は各三日間にわたる）、最終的に四人全員について無罪判決が確定したが、その間、実に一八年という歳月が経過した。

5　捜査段階で行われた違法行為

多くの違法捜査が行われているが、代表的なものを指摘する。

（1）　吉岡に対する供述の誘導・拷問

吉岡は、事件の約一日後、血痕の付着した着衣のまま妓楼（遊郭）にいたところを発見され、奪った金銭をも所持していたことから逮捕された。吉岡は、観念して最初から自白したが、その自白は「自分が一人で実行した」という単独犯行説であった。しかし、複数犯による犯行と確信する警察は、吉岡を厳しく尋問し、「他に首謀者がいて吉岡が手伝っただけなら刑責が軽減される」などと示唆する一方、拷問まで行って阿藤氏らとの共同犯行である旨の自白をさせた。共犯説に転じた吉岡は、当初Ｄを含む六人犯行の自白をしたが、警察は、Ｄについては第三者によるアリバイ証言が得られたところからこれを撤回させ、五人共犯説の自白を完成させた（以下「吉岡自白」は、原則として、この「五人共犯自白」を指す）。

（2）阿藤氏ら四人に対する拷問

吉岡自白に基づいて逮捕された阿藤氏ら四人は、当初犯行を否認したため、警察は、殴る蹴るなどして厳しい取調べを行った。阿藤氏らによれば、それは「手錠をかけたまま、腰投げ、足払いなどで床に叩きつけ、革靴で腰や背を蹴りつける」などというものであった由であり、それはまさに「拷問」という言葉がふさわしいものであったと思われる。

（3）Ｙ巡査に対する偽証教唆とＹ巡査の偽証

吉岡自白によれば、吉岡は、犯行当夜（二四日）午後一〇時三〇分から一一時ころ、八海橋で阿藤らと集合して被害者早川方に行ったことになっている。しかし、その時間帯には、四人がそれぞれ別の場所にいたことが明らかであった。例えば、Ａは、当夜自宅にいて、そのことは、母親だけでなく同女と情交関係のあったY巡査も同席して知っていた。そのため、Y巡査はAのアリバイを立証できる立場にいたが、職務中に女の家にいたことでもあり、上司の説得を受けて、A方に行った時刻を一時間遅らせて証言した。その結果、Aのアリバイは否定された。上司は、Y巡査に対し偽証教唆を、Y巡査も偽証したのである。

6　第二次控訴審段階で行われた違法行為

検察官は、第一次上告審で有罪判決が破棄され控訴審に差し戻されたことに危機感を深め、大掛かりな巻き返しに出た。物的証拠の収集には時機を失していたため、検察官は、阿藤氏らのアリバイ潰しに全力を上げた。阿藤氏らのアリバイを立証する証人たちを繰り返し取り調べたが、成功しないとみるや、今度は別の証人であるHを偽証容疑で逮捕し、弁護人の自宅や阿藤氏の独房を捜索して関係書類を押収するという非常手段に出た（巻末①文献八五頁）。その上で、阿藤氏の内妻（K）、Y巡査らをも逮捕し、厳しい取調べによって「偽証を認めアリバイを否定する供述」（新供述）をさせた上、偽証罪で起訴した。検察官は、Kらの偽証事件の公判では、異例の「執行猶予相当」の論告をして有罪判決をそのまま確定させた。Kらは、阿藤氏らの公判で証言を求められたが、以前にした証言に戻れば再度偽証罪で逮捕されることを恐れて、「以前、本件の公判でしたアリバイ証言は嘘であった」として、阿藤氏のアリバイを否定する新証言をするほかなかった。

7　第三次控訴審段階で行われた違法行為

吉岡は、第二次控訴審の阿藤らに対する無罪判決が最高裁で破棄され、事件がまたも控訴審に係属したことから、「自分の嘘の結果阿藤氏らが有罪となり死刑に処せられそうになった」と考え、良心の呵責に悩むようになった。そこで、吉岡は、「本当は自分が単独で行った。長い間嘘を言って阿藤らを苦しめたことについてなんとお詫びしてよいか分からない」という趣旨の詫び状を作成し刑務所を通じて何度も発信しようとした。しかし、刑務所当局は、これら一八通の書面をすべて隠匿してしまった上、吉岡を懲罰に処した。

しかしながら、吉岡の意向は、広島刑務所を出所した受刑者から現地の弁護団の一人（原田香留夫弁護士）に伝えられ、第三次上告審判決の法廷には、この吉岡上申書が「顕出」された。

8　誤判・冤罪の原因は何か

本件における誤判・冤罪の第一の原因は、現場の状況から、警察が「複数犯」と確信して、単独犯を自白している吉岡にそれを撤回させ、共犯説の自白をさせたことにある。

確かに、本件は、夫婦を惨殺して金銭を強奪した強盗殺人事件であり、死体や現場の状況（2参照）は、一見すると複数犯を思わせるものであった。したがって、警察が初期捜査において複数犯を疑ったこと自体は責められない。また、当時は、第二次大戦直後の混乱期で、警察の捜査能力も高くなかった。

しかし、それにしても、単独犯を主張する被疑者（吉岡）、あるいは犯行への加担を完全否定する被疑者（阿藤氏ら）に対し、拷問ないしこれに類似する方法で無理やり警察の見立てに合う自白を迫るやり方は徹底的に批判されなければならない。事案の真相解明は、被疑者に無理やり自白させることによってではなく、現場の状況を含む物的証拠や第三者証言を徹底的に検討・分析することによってされるべきである。

第二の原因は、第二次控訴審段階で行われた検察官の大掛かりな巻き返し捜査である。この段階では、事件後すでに六年以上が経過していたから、新たな物証の発見は不可能と思われた。そこで、検察官は、被告人らのアリバイを崩すために、アリバイ関係の証人を徹底的に絞り上げて、従前の証言が偽証であったと自白させ、それを前提に、これら証人を偽証罪で起訴し有罪判決を得た。そしてその上で、検察官は、これら証人を控訴審の法廷に出廷させ、アリバイ否定を意味する「新証言」をさせたのである。

幸いにして、第二次控訴審裁判官はこれに惑わされることなく「四人全員無罪」の判決をしたが、これに対する検察官の上告を受けた第二次上告審は、これらの新証拠をも重視して、原判決破棄・差戻しの判決をし、差戻しを受けた第三次控訴審は、あろうことか、死刑を含む「全員有罪」の判決をしてしまったのである。

第三の原因は、7記載のとおり、刑務所当局が吉岡の外部への通信を遮断したことである。吉岡は、第二次上告審判決によって阿藤氏らの無罪判決が破棄されたことから、阿藤氏らを巻き込んだことに激しい良心の呵責を感じ、獄中から弁護人や関係官庁に対し、何度も手紙を出そうとした（これは、1で紹介した「京都五番町事件」の真犯人の行動を思わせる）。その手紙には、「五人共犯自白は虚偽（嘘）で犯行は自分一人で行った」旨記載されていた。しかし、これらの手紙は、刑務所当局によって隠匿され、外部の目に触れることがなかった。それだけでなく、吉岡は、当局によって「獄則違反による厳しい懲罰」に処せられたのである。刑務所当局のこれらの措置は、検察官との通謀に基づくことが強く疑われる。

第四の原因は、共犯者の自白を重視した裁判所の事実認定の仕方である。確かに現場の状況は、一見すると複数犯を思わせるものではあった。しかし、慎重に検討すれば、物的な証拠が吉岡一人に集中しており、他の四人には認められないこと、公判の過程で妻の首吊り偽装工作も一人で行うことが可能であったと立証されたこと、四人については、アリバイ成立の可能性が高かったことなど、被告人らに有利な複数の事情があった。そして、何よりも、吉岡自白は変転極まりないもので、どこまで真実を述べているか容易に判断できかねるものであった。一・二審裁判所や、第二次上告審、差戻後の第三次控訴審裁判所が、この吉岡自白に幻惑されてしまったことは、なんとも残念なことといわなければならない。

9　最高裁の審理方式

ただ、今回調査してみて、「最高裁における審理方式」が現在とは大きく異なっていることに驚かされた。

本件について、田中最高裁長官らが、弁護人の運動に対し激しく反発したことは前に書いたが（1参照）、各小法廷（少なくとも第三、第二各小法廷）は、それに左右されず慎重に事件を審理したことがわかる。

筆者がまず驚いたのは、最高裁判事自身が、弁護人と直接面談している事実である。筆者が最高裁調査官を務めていた当時（昭和五四年から同五九年）、弁護人からの面談の申出があると調査官は必ず面談に応じていたが、裁判官自身が面談することはなかった。ところが、本件第三次上告審の主任裁判官であった石田和外氏は、正木ひろし弁護人との面談に応じ、その結果、小法廷は「大法廷を使用しての口頭弁論期日」を決定している（巻末①文献一九五頁）。現在では、調査官ですら面談に応じない硬直した姿勢をとっていることと対比し、改めて今昔の感を深くした。書面審理には限度がある。今となっては、裁判官自身が面談に応ずることは無理にしても、調査官が弁護人の面談申入れを拒否する理由は見当たらない。調査官による弁護人との面談は、早急に復活されるべきである。

次に驚いたのは、上告審における二二名の弁護人による弁論が、三日間にわたって行われていることである。

現在、最高裁の弁論は、行われる場合でも、あらかじめ提出した書面に基づく短時間のものでセレモニー化している。しかし、本件での弁論（ことに第三次上告審における弁論）は、特別に大法廷で行われ、熱気あふれるものであったようである。こういう弁論をまるまる三日にわたって聴取した最高裁裁判官の熱意には驚かされる。また、この弁論においては、弁護人が苦心の末に入手した「単独犯を認めて阿藤らに謝罪する」趣旨の吉岡上申書など文書五五点が「公判廷に顕出する」形で事実調べされた（巻末①文献一九三頁）。

松川事件において被告人らのアリバイを示唆する「諏訪メモ」が、公判廷顕出の形で事実調べされたことは有名であるが（第4回松川事件参照）、その後の宮原操車場事件、青梅事件に続いて、八海事件でも同様の事実調べがされていたのである。しかも、これほど大量の証拠が一挙に取り調べられたのは、他に例がなかった。

三つ目は、第二次上告審が「有罪を示唆した差戻判決」をした後、これに従った第三次控訴審が全員有罪の判決（⑥河相判決）をしたのに対し、第三次上告審が三度これを破棄して全員無罪の結論に到達したことである。法律審である最高裁が事実認定に介入すること自体が最近ではめったにないが、本件では第一次、第二次に続けて第三次上告審も事実認定に介入し、この難事件に終止符を打った。上告棄却の結論であれば処理も容易であったと思われるが、最高裁自身、あえて「火中の栗」を拾い、「原判決破棄・無罪」の結論を示すことによって、「無辜の不処罰」の範を垂れることになった。

第二次上告審が、無罪判決を破棄して差し戻したのはどう考えても賛同できないが、第一次、第三次と二度にわたり最高裁が有罪判決を破棄した点は、最高裁の存在意義を示したものというべきだろう。

10　捜査方法及び裁判所の認定の現在との比較

(1)　取調べにおける暴力の行使について

本件は、第二次大戦終了後間もない時期の事件であり、警察の捜査方法にも戦前のやり方が色濃く残っていて、被疑者に対する拷問も平然と行われていたようである。被疑者が述べる拷問の状況は、「指の間に鉛筆を入れてきりきり回す。片方の手を肩の上から背中に回し、もう一方の手を下から背中に回して鉄砲をかついだ格好で手錠をかける鉄砲手錠。正座した足の間に棒を三本いれて、上からドスンドスンと踏んだ」などというもので、こういう特殊で生々しい状況は、想像によって述べ得るものではない。それにもかかわらず、被告人らの警察における自白調書の任意性を否定したのは、第二次控訴審の村木判決（④判決）だけであった。

裁判員裁判が開始され、取調べ状況の可視化（録音録画）も一部ながら導入された現在、本件におけるような本格的な拷問は不可能になったと思われるが、捜査における暴力行使がなくなったわけではない。現に、平成三〇年八月に言い渡された今市事件控訴審判決（東京高判平成三〇年八月三日判時二三八九号三頁）では、否認する被疑者に対し、「取調官が右手で被疑者の左頬を平手打ちした結果、被疑者が椅子から転げ落ち額の右側を壁にぶつけて受傷した事実」が認定されている。これは強力な暴力行使であり、八海事件における拷問をも彷彿とさせる。しかし、この暴行は、別件起訴後の勾留中でのことであったため、録音録画されていなかった。そのため、判決もその影響を軽視し、結局、その後に行われた本件勾留中の自白について任意性を肯定してしまったのである。

（2）アリバイ証人の「偽証罪による逮捕・勾留・起訴」

本件では、6で述べたとおり、第二次控訴審段階で、以前被告人らのためアリバイ証言をした証人を検察官が次々に逮捕して起訴するという挙に出ているが、こういう検察の体質は、その後も連綿と受け継がれている。徳島ラジオ商殺し事件（第12回）、甲山事件（第18回）などにその典型例を見る。また、現実にはそこまでの挙に出ない場合でも、被告人に利益な真実の証言をしたいと考える証人が、そのような不利益を受けるのではないかという恐怖心から、真実の証言をするのをためらう傾向があるのは、恐ろしいことである。

このように見てくると、八海事件で行われた捜査方法は現在でも根本的には変わっておらず、捜査官に寛大な裁判所の認定がこれを後押ししているというべきだろう。

11　その他

1で紹介した映画「真昼の暗黒」は、現在でも、ＤＶＤを入手すれば鑑賞が可能である。さすが巨匠今井正監督の作品だけあって、本件の捜査・公判の問題点を極めて的確に抉り出している。一般読者だけでなく現在刑事裁判に携わる者にとっても、必見の映像であるというべきであろう。

第10回

唯一の物的証拠（拳銃の試射弾丸）を警察がねつ造した疑い
——白鳥（しらとり）事件

【事件発生：一九五二（昭和二七）年一月二一日】
・札幌地判昭和三二年五月七日判時一一四号一頁（無期懲役）①
・札幌高判昭和三五年六月九日判時二三一号四頁（破棄、懲役20年）②
・最一小判昭和三八年一〇月一七日判時三四九号二頁（上告棄却）③
［再審請求］
・札幌高決昭和四四年六月一八日判時五五八号一四頁（再審請求棄却）④
・札幌高決昭和四六年七月一六日判時六三七号三頁（異議申立棄却）⑤
・最一小決昭和五〇年五月二〇日判時七七六号二四頁（特別抗告棄却）⑥

今回紹介するのは、「開かずの扉」とされていた再審について最高裁が画期的な判断を示して、冤罪救済に途を開いたとされる白鳥事件である。この事件では、警察が重要な証拠をねつ造していた強い疑いがあるとされた（なお、本書では、最終的に無罪が確定した事件を扱うことを基本としている。今回の白鳥事件については、再審請求が棄却されたままであるが、重要判例であるので特に取り上げることとした）。

1　どのような事件だったのか

一九五二（昭和二七）年一月、札幌市内で、現職の警察官（白鳥警部）が何者かにより拳銃で射殺された。同警部が、日頃、日本共産党（以下「共産党」）弾圧の先頭に立つ人物であったことなどから、当局は、これを共産党の仕業であると目星をつけ、共産党札幌委員会（以下「札幌委員会」）副委員長ほかの幹部や同委員会に連なる北海道大学（以下「北大」）学生ら下部党員を、種々の別件で逮捕・勾留した上厳しく取り調べた。その結果、射殺の実行正犯者としてＳ氏が浮上し、さらに、それには、札幌委員会の委員長であった村上国治氏の指示があったというストーリーができあがった。

2　捜査はどのように行われたのか

転向した幹部党員の供述によると、札幌委員会の会合で、村上氏が「白鳥はもう殺してもいいやつだな」などと発言したとされ、また、北大学生らの供述によると、白鳥警部射殺計画の一環として、札幌市郊外に位置する幌見峠の山中で拳銃の試射訓練が行われたとされた。しかし、捜査によっても、問題の試射弾丸を発見することはできなかった（ただし、同時に実験を行ったという手りゅう弾についてはは不発弾が発見された）。

このような証拠構造の中で、村上氏は、完全否認のまま、白鳥警部射殺の共謀共同正犯者として起訴された。

3　確定審の裁判はどのように進行したのか

公判においても、村上氏は一貫して事実を否認した。

本件における最大の争点は、一連の流れの中で村上氏から白鳥警部の射殺を指示されたという共犯者自白の信用性であった。そして、検察官は、この共犯者自白の信用性を保障する上で重要な物証を提出した。それは、札幌市郊外にある幌見峠の山中から発見されたという弾丸二個（以下「証拠弾丸」）である。これらの弾丸は、警察が共犯者T氏、M氏らの自白に基づき、拳銃の試射訓練をしたという幌見峠の山中を捜索した結果発見したとされるものである。

そして、検察官が同時に提出した東京大学工学部磯部教授の鑑定書によれば、これらの弾丸の線条痕は、白鳥警部の体内から摘出された弾丸（以下「摘出弾丸」）のそれと一致するとされていた。線条痕というのは、弾丸が拳銃から発射される際に銃身との摩擦で印象される痕跡のことである。そして、「証拠弾丸の線条痕が摘出弾丸のそれと一致する」ということは、幌見峠の山中から発見されたとされる証拠弾丸と白鳥警部の体内から摘出された摘出弾丸が「同一の拳銃から発射されたこと」（発射拳銃の同一性）を意味することになる。そうすると、これらの証拠は、下部党員（T氏、M氏）らが供述する幌見峠での拳銃試射訓練が現実のものであったことを意味するだけでなく、「この訓練で使用された拳銃が白鳥警部の射殺に使用された事実」を有力に推認させるものとなる。そしてそれは、「本件が村上氏を中心とする共産党札幌委員会による犯行である」とする検察官の主張が、この点において、有力な物的裏付けを得ることを意味するのである。

ところで、これらの弾丸は、T氏の自白する試射訓練の日から、一個は一九か月後に、また他の一個は同じく二七か月も経過した後に発見されたというものである。しかし、それにしては、二個には、長期間土中に埋没していた場合に生ずるとされる「腐食割れ」（正確には、「応力腐食割れ」）がなかった。そのため、これら弾丸は、警察によるねつ造ではないかという点が、確定審以来の重要な争点の一つであった。

しかし、第一審裁判所（札幌地裁）は、村上氏を有罪と認めて無期懲役を言い渡し（①判決）、控訴審である札幌高裁は、この事実認定を是認した上で、量刑不当の理由で原判決を破棄し、改めて懲役二〇年の有罪判決を言い渡した（②判決）。最高裁も、弁論を開いた上で慎重に審理したが、結局、この結論を是認して上告棄却判決をした（③判決）。

4　再審裁判はどのように進行したのか

無実を主張する村上氏は、獄中から再審請求をするに至った。再審請求に当たり弁護人が提出した新証拠の中で特に注目されたものは、幌見峠と似た環境の山中に、発射された弾丸を一九か月又は二七か月放置した場合、ほぼ確実に「応力腐食割れ」という現象が生じるという科学者の意見書、及びその意見書の正しさを実証する外国などでの実験結果であった。ところが、本件証拠弾丸には、先に述べたとおり、二個ともそのような腐食割れが生じていなかった。また、弾丸の線条痕が一致するという鑑定についても有力な反証が提出された。

しかし、再審請求審は、新証拠の明白性を否定した（④決定）。「実験によれば、証拠弾丸の証拠価値がいささか薄らいだが、これが幌見峠に長期間埋没されていた可能性を否定できない」というのがその理由である。

これに対し、異議審である同じ札幌高裁は、請求人の異議を棄却したが、その理由をやや異にする。すなわち、この決定は、異議審で提出された新証拠をも加味すると、二個の弾丸が幌見峠の山中に長期間埋没していた可能性は極めて少なく、またそれが、白鳥警部の体内から摘出された弾丸と同一の拳銃から発射されたことについては、「その可能性が絶無であるかどうかは別として、少なくとも大きな疑問を生じた」としたのである。さらに異議審決定は、そうすると、証拠弾丸の発見経緯は、「当然何人かの作為によるものとの疑いを生じ」、「捜査機関関係者の作為」の疑いも生ずるので、そのことが「他の証拠の評価に与える影響も無視できない」として、関連証拠全体を慎重に検討した。しかし、その結果は、要するに、「村上氏の関与を示唆する有力な情況証拠が多数あり、これらを総合検討すれば、弾丸の点を考慮に入れても、村上氏が本件殺人に関与したと認めた確定判決の事実認定自体は揺るがない。したがって、再審請求棄却の結論は動かない」とするものであった（⑤決定）。

最高裁の最終判断（いわゆる白鳥決定：⑥決定）も、異議審の結論を是認するものであった。しかし、そこでは、「疑わしいときは被告人の利益にという刑事裁判の鉄則は、再審事件においても適用される」「新証拠の明白性を判断するには、新旧全証拠を総合評価することが必要である」とする有名な判断が示され、その後の再審事件の審理に重大な影響を及ぼすことになった。

5　捜査機関は物証を平然とねつ造する

実は、本件の異議審における主任裁判官は、判事補時代の筆者であった。もう半世紀以上も昔のことであるから記憶も曖昧化しているが、判事補七年目でこの重大事件に遭遇した筆者は、唯一の物証ともいうべき試射弾丸（証拠弾丸）が警察によりねつ造されたのがほぼ確実という深刻な問題に逢着し、再審を開始すべきではないかとの観点から、繰り返し記録と格闘した記憶がある。

筆者は、その後の経験などにより、捜査機関が、いざとなれば重要な物証を平然とねつ造することを知っている。例えば、第17回で紹介する鹿児島の夫婦殺し事件では、唯一の物的証拠である陰毛を、その後の捜査過程で被告人自身の陰毛とすり替えた疑いがあった。また、第28回で紹介する郵便不正事件では、あろうことか、検察官自身が物的証拠に作為を加えた事実が確認された。さらに、幸浦事件（第1回）、財田川事件（第7回）では、いずれも、被告人の自白によって初めて、警察の知らない客観的事実が明らかになったようにする作為（「秘密の暴露」の偽装）さえ行われた。これらの事例は、捜査機関は、いざとなれば、物的証拠を平然とねつ造することを示唆している。裁判所は、捜査機関の行為に対し常に厳しい監視の目を光らせる必要がある。なお、本年（二〇二四年）九月二六日に静岡地裁で言い渡された袴田事件再審無罪判決では、決定的物証である五点の衣類を含め、「三つのねつ造」があったと認めたことは、本書冒頭の「袴田事件」において、やや詳しく触れた。

本件について、違法捜査の疑いを認めながら再審請求棄却の結論を維持した異議審の結論は、最高裁によって支持されてはいるが、批判も根強い。筆者としても、最大の物的証拠にねつ造の疑いが強くなった以上、すべての情況証拠を根本的に見直すため再審を開始すべきだったのではないかとの気持ちを捨てきれない。しかし他方、本件については、「冤罪ではなかった」とする見解も有力である。神ならぬ人間であるわれわれは、いかに努力しても、「絶対的な真実」に到達できるという保証はない。本件のような事案に遭遇すると、刑事裁判における事実認定の難しさを改めて痛感せざるを得ない。

◆ 第11回

確実な物証はなく目撃証言も不確かなものであったのに、被疑者の弁解を無視する追及的な取調べによって虚偽自白させた
——米谷事件（青森の老女殺し事件）

【事件発生：一九五二（昭和二七）年二月二五日】
・青森地判昭和二七年一二月五日（懲役一〇年）①
・仙台高判昭和二八年八月二二日判時五二五号三九頁（控訴棄却）②
［再審請求］
・青森地決昭和四八年三月三〇日刑月五巻三号三七七頁（再審請求棄却）③
・仙台高決昭和五一年一〇月三〇日判時八三八号三頁（原決定取消し、再審開始）④
・青森地判昭和五三年七月三一日判時九〇五号一五頁（無罪判決）⑤
・（参考）東京地判昭和四三年七月二日判時五二五号三四頁（真犯人として自首した者に対する無罪判決）⑥

被告人（米谷さん）に対する懲役一〇年の判決が確定した後「真犯人B」が自首して出て詳細な自白をしたが、裁判所は、起訴後否認に転じたBに無罪判決をし、検察官控訴中にBが自殺してしまうという経緯があった。しかし、その後、米谷さんにも最終的には再審が開始され無罪判決が言い渡された。

１　どのような事件だったのか

一九五二（昭和二七）年二月二五日夜、青森県津軽郡の住居内で、一人暮らしの女性（当時五七歳）が就寝中絞殺された。死体には姦淫されたような形跡があり、近親者からはお金が盗まれているとの訴えもあった。警察・検察は、捜査の上、同じ部落に住む工員米谷さんを強姦・強盗・殺人の罪で逮捕した。

２　捜査はどのように行われたのか

被害者Ｓさんが、当夜、いつものように自宅で就寝していた際に何者かによって殺害された事実は明らかであった。Ｓさんの死体は、前夜来泊まりに来ていた甥Ａ（当時一六歳）によって翌朝発見され、警察への届出がされた。死体には姦淫されたような形跡があったが、警察は、犯人を特定する物証を発見することができなかった。

しかし、警察は、現場に残された日本手拭いについて、前記Ａが「米谷が日常使用していたものに絶対間違いない」と述べたことや、付近住民の不確かな目撃情報などから、米谷さんに対する嫌疑を深めた。そして、捜査を続けるうち、Ｓさんの長男から「現金も一〇〇〇円くらい盗られている」という届出もされるに至った。ここに至り、警察は、米谷さんに対する強姦・強盗・殺人罪の逮捕状を得て、三月二日早朝自宅で逮捕した。

米谷さんは、警察の追及に対し当初懸命に否認したが、厳しい取調べに対し次第に抵抗の気力を失い、逮捕後三日目に概括的な自白を始め、その後、お金を奪った点を否認しながらも、強姦・殺人の事実を自白するに至った。ただ、米谷さんは、その後延長された勾留期限の満了直前（最終日）に至り、それまでの自白を翻して全面否認に転じた。

検察官は、「自白は基本的に信用できる」という前提で米谷さんを起訴したが、米谷さんが捜査段階で「お金を奪った点」を否認していたことから、この点を起訴事実から除外した。そのため、起訴事実は「強姦・殺人」だけとなった。

3　確定審の経過と結果はどうだったのか

米谷さんの自白は、重要な点で転々と変遷するものであった。ただ、米谷さんは、公判で事実を争いながらも「無理に調べられたことはない」「調書は間違いなかったので署名した」などとも供述し、捜査段階の自白の任意性を強く争わなかった。そのため裁判所は、一・二審とも、自白の任意性を肯定して米谷さんに有罪判決（懲役一〇年）を言い渡した。

しかし、第一審判決は、自白調書を全面的には信用せず、起訴事実のうち「殺意を否定」し「強姦を未遂」と認め、刑法一八一条による強姦致死罪だけで有罪判決を言い渡したのである。

この判決に対し米谷さんは控訴を申し立てたが棄却された。そして、米谷さんはこの段階で上告を断念しそのまま服役した。

4　再審申立てに至る経緯はどうだったのか

米谷さんが刑に服し、すでに刑期を完了した後である一九六六（昭和四一）年四月初旬に至り、Sさんの甥B（Aの二歳年上の兄）が、突然「Sさんを殺したのは自分である」旨警察に告白した。Bは、事件直後の捜査段階でも一応捜査の対象とはされたが、関係者の供述によってアリバイがあるとされ、容疑が否定されていた人物である。そして、犯行告白当時、Bは別件で警視庁本所警察署に未決勾留中であったが、誰に求められることもなく、全く自発的に警察官に犯行を告白し、その後の検察官の取調べに対しても詳細な自白をした。そのため、東京地検はBをSさんに対する強盗殺人・強盗強姦未遂罪で起訴するに至った。しかしBは、起訴当日（一九六七〈昭和四二〉年二月二三日、起訴状提出の直前）に、それまで一〇か月にわたって維持していた自白を撤回して否認するに至り、公判廷でも否認を通した。

Bの事件を審理した東京地裁は、一九六八（昭和四三）年七月二日、Bに対し無罪判決を言い渡した。検察官は控訴したが、控訴審の判決が出される前に、Bは謎の自殺を遂げた。

米谷さんは、Bが真犯人として名乗り出た後である一九六七（昭和四二）年三月に、日弁連人権擁護委員会に「自己の無実を晴らすための協力」を求める申出をした。そして、同委員会のT弁護士は、同年八月、青森地裁に対し米谷さんの再審を請求するに至った。

5　再審裁判の経過はどうだったのか

青森地裁が米谷さんの再審請求事件を審理している間に、東京地裁は、真犯人として名乗り出たＢに対し無罪判決を言い渡した。しかも、この東京地裁の判決は、「Ｂの自白は全くの虚偽と認められ、犯人が米谷であるとする確定判決の結論に疑問をさしはさむべき事由は発見できない」とまで認定していた。

この東京地裁判決の約五年後（一九七三〈昭和四八〉年三月三〇日）、青森地裁は米谷さんの再審請求を棄却する決定をしたが、この決定は、Ｂに対する東京地裁の無罪判決の影響を強く受けた可能性がある。しかし、その後、即時抗告審である仙台高裁は、原決定を取り消して再審を開始した。そして、再審公判を担当した青森地裁は、詳細な理由を付して、米谷さんに対し無罪を言い渡したのである。

6　どのような違法捜査が行われたのか

再審開始決定も無罪判決も、捜査機関が違法・不当な取調べをしたとは認定してはいない。

しかしながら、米谷さんの捜査官に対する自白は、重要な点において転々と変遷している。そして、米谷さんは、再審段階において、警察官から「おまえだろう、おまえだろうと言われ、頭をどっつかれた」「死んだ人に謝れと言われ、椅子から下ろされ土下座させられた」などと具体的に供述しており、再審公判でも同旨の供述をしている。また、米谷さんが検察官の取調べを受けた際や、Ｂの事件について東京地裁で証言した際にも、「『お前を見た者がいる』『犯行現場にあった物はお前のものだと言っている者がいる』などと言われ、何度否認しても聞いてくれなかった」などの弁解をしている。裁判所は、これらの弁解を一蹴したのである。

しかし、これまで警察の取調べを受けたことのなかった米谷さんが、厳しい取調べを受けてもいないのに、取調べの状況をこのように迫真力を持った言い方で具体的に供述できるとは考えられない。また、米谷さんが「任意に真実を」述べたのであるとすれば、その自白の重要部分に、大きな変遷があることも容易に説明できない。

さらに、再審開始決定は、①警察が、最初にSさんの遺体を発見したAにも嫌疑を掛け、長時間にわたり「お前がやったんだろう」などと厳しく追及したこと、②令状のないままAの身柄を集会所に止め置き、翌日も早朝から深夜まで取調べを継続したこと、③Aに対する取調官と米谷さんに対する取調官は同一人物であったことなどを認定している。①ないし③の事実は、米谷さんに対しても捜査段階において厳しい追及があったことを容易に推測させる事情というべきではないか。

7　問題点は何か

本件においても、初動捜査に問題があった。また、被疑者に対し自白を求めるに急なあまり、自白と物的証拠との整合性に関する検討が明らかに不十分であった。

警察が米谷さん逮捕の最大の決め手としたと考えられるのは、現場にあった日本手拭いと、「これは米谷のものに絶対間違いない」という少年Aの供述であった。警察は、これを動かぬ物証と考えて米谷さんを厳しく追及したと考えられる。

しかし、その手拭いは、後にSさんの長男らによって、米谷さんのものではなく、もともとBさん方にあったものであることが確認されている。また、その手拭いに付着する粘液様物質もB型でA型の米谷さんとの結びつきは否定された。また、米谷さんは、膣内で射精したと自白しているのに、Sさんの膣内から精液が検出されないという不合理もあった。

このように、捜査機関が、物証に関する誤った前提で米谷さんを犯人と決めつけ厳しく追及したこと、そして、裁判所がこの点について十分な検討をしなかったことが、本件誤判の最大の原因であると考えられる。

8　確定審における弁護活動について

米谷さんは、捜査段階で金員奪取の点を除き犯行を自白し、公判廷でも、無理な取調べがあった事実を強く主張してはいない。しかし、米谷さんの供述全体を精査すれば、自白が全面的には信用できないこと、そういう自白をするについては、かなり無理な取調べがあったことを容易に推察できたはずである。米谷さんが、「無理な取調べ」を公判廷で主張できなかったことについては、十分な弁護活動を受けていなかったからではないかとも想像される。

9　裁判所の認定について

それにしても、裁判所（特にBに対する⑥東京地裁判決）の認定には首を傾げざるを得ない。確かに、Bの自白には、細部において客観的証拠に沿わない点が散見される。しかしながら、Bは、誰に強制されるでもなく、「完全に任意」の状態で犯行の告白に至り、しかもその自白を一〇か月も維持していた者である。そして、告白時にはすでに犯行から一五年もの長期間が経過していたことを考えると、細部における記憶違いによって自白が事実と食い違いを来したからといって、自白全体が根本的に信用できないということにはならないのではないか。

これに対し、米谷さんの自白は、犯行直後の記憶の新しい時期のものであって、記憶違いの介在する余地は小さい。それであるのに、Bに対し無罪を言い渡した⑥東京地判も、米谷さんの再審請求を棄却した③青森地決も、米谷さんの自白に存する変転・変遷や物的証拠との不一致を過小評価する一方、B自白に存するそれは過大に評価して信用性を否定したのである。

そればかりか、⑥東京地判は、先に述べたとおり、「（Bの）自白は虚偽であり、Bはこの事件の犯人ではないと認めるべき」であるとし、「米谷が犯人であるとする確定判決の結論に疑問をさしはさむべき事由は、ついに発見できない」とまで認定する。そして、Bが、誰からも強いられていないのに自ら犯行を認め長期間にわたって自白を維持した理由について、酒乱のため愛妻に去られ復縁交渉も成功せず、病的なまでに自棄的なっていたためであると断定する。しかし、Bによる重大犯罪（本件）の「自発的・積極的」告白の動機をこのような理由によって合理化できるかは疑問である。この東京地判は、「無辜の不処罰」の観点からBに無罪を言い渡したのではなく、「米谷さんに対する有罪の確定判決を護りたい」「この確定判決が再審によって否定されるのを、何が何でも阻止したい」という強い意欲に基づくものではなかったかという疑問を入れる余地が大きいというべきではないか。

なお、米谷さんの再審請求を棄却した③青森地決には、証拠評価に関する重大な問題もあるが、ここではこれ以上立ち入らない。

10 余論

なお、事件の本質に関わるものでないことを二点補足する。

本件と同様に、被告人に対する有罪判決が確定した後、真犯人を自称する人物が自首して出た事件としては、①本件にやや先行する弘前大学教授夫人殺し事件（第3回）及び②八海事件の審理中に映画「真昼の暗黒」を見て自首したという「京都五番町事件」が有名である。②事件では、自首した人物が真犯人として処罰されたが、①事件では、真犯人に対する公訴時効が完成していたため、真犯人が起訴されることはなかった。いずれの事件についても、先に起訴された被告人に対しては最終的に無罪判決が言い渡されている。

本件につき、当時のマスコミは「青森の老女殺し事件」として報道し、それが現在でもそのまま通称名となっている。しかし、被害者Sさんは、当時五七歳に過ぎず、現代の感覚ではおよそ「老女」ではない。Sさんをマスコミが「老女」と表現して怪しまなかった点に、時代の変遷を実感させられる。

外部侵入犯行の形跡が顕著であるのに、無理やり内部犯行説を組み立て、被害者と同じ部屋で寝ていた内妻を犯人に仕立てて起訴した

――徳島ラジオ商殺し事件

【事件発生：一九五三（昭和二八）年一一月五日】
・徳島地判昭和三一年四月一八日（懲役一三年）
・高松高判昭和三二年一二月二一日（控訴棄却）
［第六次再審請求］
・徳島地決昭和五五年一二月一三日判時九九〇号二〇頁（再審開始）
・高松高決昭和五八年三月一二日判時一〇七三号三頁（抗告棄却）
・徳島地判昭和六〇年七月九日判時一一五七号三頁（無罪）

本件は、検察権力の恐ろしさと、その検察を盲目的に信頼する裁判所の無能さをまざまざと見せつけられる事件である。犯行現場には、外部犯行を示唆する有力な痕跡があった。そのため、警察は当然その線で捜査を遂げ、犯人として逮捕した被疑者を検察官に送致した。ところが、検察官は、この被疑者を釈放した上、独自に内部犯行説を組み立て、こともあろうに、当時、被害者である夫とともに就寝中であった内妻（富士茂子さん）を「夫殺しの犯人」に仕立てて起訴したのである。

1　どのような事件だったのか

一九五三（昭和二八）年一一月、徳島市内でラジオ商を営む男性（Ｋさん）が、内妻（茂子さん）と九歳の娘の三人で寝ていた寝室で殺害された。犯行現場には、犯人が外部から侵入したことをうかがわせる顕著な痕跡（シーツの上に印象されたラバーシューズの靴跡）が残されていた。また、現場から逃走する犯人らしき人物を見たという目撃者が三人もいた。そのため、警察は、本件を「外部から侵入した犯人の仕業」であると見て（外部犯行説）、それらしい何人か（暴力団関係者）を別件逮捕して取り調べた後、事件の五か月後、遂に本件強盗殺人罪の犯人としてＸを逮捕し、検察官に身柄を送致した。

2　検察官の捜査はどのように行われたのか

送致を受けた徳島地検の担当検事も、Ｘを本件の犯人であると認めて強盗殺人罪で起訴する決断をした。ところが、この案が上級庁である高松高検の決裁を通らず、起訴は見合わされた。そして、地検では、その後捜査状況が総点検され、内部犯行説が浮上した。

検察官は、本件殺人の犯行が茂子さんの犯行であるという想定のもとに捜査をやり直した。そして、事件直後現場に駆け付けた二人の少年店員（Ａ君一六歳とＮ君一七歳）を犯行加担者と見立てて身柄を拘束し、見込みに合う供述を誘導した。二人は、当初そのようなことはないと主張したが、長期の身柄拘束（Ａ君の身柄拘束は二七日、Ｎ君のそれは実に四五日にも達した）と厳しい取調べに耐えかねて、結局、「Ｋさんと奥さん（茂子さん）が格闘しているのを目撃した」「奥さんに頼まれて屋根上の電話線、電灯線を切った」「奥さんに頼まれて刺身包丁を付近の川に捨てた」などと虚偽供述をするようになった。そして、検察官は、これらの供述をもとに茂子さんを逮捕・勾留した上、両少年の供述を決め手として殺人罪で起訴したのである。

茂子さん自身は、検察官の厳しい取調べにも耐えて、ほぼ一貫して否認を貫いた（もっとも、途中一時、検察官の求める供述調書二通に署名指印してしまったが、直後に再度否認に戻った）。

3　裁判はどのように進行したのか

茂子さんは公判においても徹底的に事実を否認して争ったが、少年二人が捜査段階の供述を公判でも維持したため、結局、懲役一三年に処せられ、控訴も棄却された。裁判所は、少年二人の証言が信用できるとの前提で、その批判的検討をほとんどしなかったのである。茂子さんは、それでも一旦は上告を申し立てたが、裁判に絶望するとともに、裁判を継続することの経済的負担が子供たちの生活を圧迫することを恐れ独断で上告を取り下げた。かくして、茂子さんに対する懲役一三年の有罪判決は確定した。

4　再審の裁判はどのように進行したのか

茂子さんは、模範囚として刑を務める一方、獄中から三度にわたり再審請求をしたが、いずれも棄却された。仮釈放を得た後に申し立てた第四次の再審請求も棄却されたが、その頃から、本件は社会の重大関心を惹くようになり、日弁連の支援事件第一号にも指定された。そして、第五次再審請求では、ようやく理解を深めた裁判所の真剣な審理もあって前途に光明が見えてきたが、そのころ茂子さんは癌に冒され、やがて昏睡状態に陥った。そのため親族（姉妹弟四人）は、刑事訴訟法四三九条一項四号（「有罪の言渡を受けた者が死亡し、又は心神喪失の状態に在る場合」に兄弟姉妹が再審請求できるとする規定）に基づいて再審の請求をし、茂子さんの死亡後は、実質的に従前の手続を引き継ぐことができた（第六次再審請求）。そして、この再審請求が認められて再審が開始され、無罪判決が言い渡された。そして、この判決に対する検察官の控訴も棄却され、事件後満三〇年を経過してようやく無罪判決が確定した。しかし、その時、茂子さんはすでにこの世の人ではなかった。

5　何が問題だったのか

本件については、大きく分けて、①検察官が、無実の茂子さんを夫殺しの犯人に見立てた上で無理な見込み捜査を行ったこと、②裁判所が、この検察官の主張を鵜呑みにして、茂子さんに有罪判決を言い渡しただけでなく、再審の申立ても容易に認めなかったこと、③再審段階に至り、有罪判決の決め手とされた二少年の証言について、少年ら自身が「偽証であった」として自首したのに検察官がこれを不起訴とし、検察審査会の二度にわたる起訴相当の議決をも無視したことなど、問題とすべき点が多数ある。

本稿においては、主として問題点①と③を検討し、問題点②については、それらの検討の中で適宜触れることとする。

6　検察官の主張には、もともと大きな無理があった

1に記載したとおり、この事件は、現場の状況などから、外部侵入犯人によって敢行されたものであ

ることが、当初からほぼ明らかであった。しかし、警察の捜査によって別件逮捕された容疑者は、次々に嫌疑不十分として釈放され、最後に犯人として検察官に送致されたＸも、検察官によって釈放されてしまった。

上級庁の指示で捜査を洗い直した検察官は、内部犯行説を想定し、二少年の身柄を拘束して無理やり自らのストーリーに合う供述をさせ、強引に茂子さんを犯人に仕立て上げたのである。

しかし、少年らの供述（証言）を裏付ける物的証拠は何もなかった。そもそも、検察官の描いた筋書きでは、茂子さんは、就寝中の夫（Ｋさん）の身体を刺身包丁で一一か所も刺して大けがをさせ、しかも、その最中にＫさんと取っ組み合いをしたことになる。しかし、Ｋさんが身体の枢要部に一一か所もの傷を負っているのに、茂子さんの身体には軽い傷害が三か所あるだけであり、茂子さんが着ていた寝間着にも、裾の方に少量の血液が付着していただけであった。一五〇センチに満たない小柄な茂子さんが、大の男のＫさん（海軍軍人歴もあって体格もよい）に多くの刺し傷を負わせて格闘しながら、無傷同然で返り血も浴びていないというのは、どう考えても不自然である。

さらに、Ｎ少年が茂子さんに頼まれて川に捨てたと述べた刺身包丁は、警察が懸命に行った川ざらいによっても発見されなかった。

7　裁判所は、なぜ、検察官の無理な主張を認めたのか

第六次再審請求審の開始決定は、Ｂ五判四段組の判例時報誌で一五〇頁を超える大力作であり、ここでは、従前の裁判所の認定の不合理が徹底的に指摘されている。

確定審においては、手続的にも種々の問題があった。第一審において検察官は、二少年の供述調書を証拠として申請せず、開示もしないでいきなり証人尋問を申請するという作戦に出た。証拠開示制度が全くなかった当時の刑訴法の下では、検察官のこういう作戦を阻止する法的手段はなかった。弁護人は、証人の捜査段階の供述内容を知らないまま主尋問を聞き反対尋問を行うため、適切な反対尋問をすることができない。やむなく、証言結果の記載された公判調書が完成するのを待って反対尋問をすることになるが、期日間に大きな間隔が空いてしまうため、結局有効な反対尋問ができなかった。

確定審において検察官が提出した実況見分調書には、添付写真の一部が欠けていた。ところが、第五次再審請求審で開示された不提出記録の中には、シーツの上に「ラバーシューズの靴跡」が写された写真など数枚の写真が存在した。検察官は、外部犯行説の決定的裏付けとなるこれら写真を隠匿したものと思われる。

裁判所の誤った認定は、以上のような検察官の不正義によって惹起された面が大きい。しかし、それにしても、確定審を審理した裁判官が、第六次再審裁判所の半分でも（否、せめて一〇分の一でも）「無辜の処罰を回避する情熱」を持って審理に当たっていれば、本件のような悲劇は確定審段階で阻止できたのではないかとの感を禁じ得ない。

8　再審請求に至る経過

有罪判決確定後、茂子さんは、模範囚として刑を務める一方、再審請求に執念を燃やした。そして、弁護人の努力によって、以下のとおり、種々有利な状況がもたらされた。しかし、検察官はあらゆる方法で再審を妨害し、その結果、第四次までの再審請求はいずれも棄却された。

（1）自称「真犯人」の自首（と検察官の不起訴処分）

まず、茂子さんが最高裁への上告を取り下げたまさにその日（一九五八〈昭和三三〉年五月一〇日）に、「真犯人」を名乗る男性Yが静岡県警沼津警察署に自首して、詳細な自白調書が作成された。しかし、静岡県警は、徳島署への照会で茂子さんの有罪判決が確定したことを知り、それ以上手続を進めずYを釈放してしまう。その後、日弁連人権防護委員長であったT弁護士らが、茂子さんの委任を受けてYを本件の真犯人として東京地検に告発したが、検察官は不起訴処分とした。

（2）二少年の偽証告白・自首（と検察官の不起訴処分）

次に、その後、問題の二人の少年のうちA君が、「茂子さんの法廷で嘘の証言をした」ことを認めた。つまり、A君は、確定審の公判で「Kさんと奥さん（茂子さん）が格闘しているのを見た」などと証言したが、「この証言は嘘だった」という趣旨の詳細な手記をT弁護士に提出したのである。

他方、N君は、T弁護士から提起された名誉棄損損害賠償請求訴訟（民事訴訟）においてその請求を「認諾」した上、A君にならって「確定審で偽証をした」旨の手記をも提出した。T弁護士は、これらの資料をもとに、A君とN君を偽証罪で告発し、両名は、その直後に偽証を認めて自首して出た。

しかし、検察官は、両名を厳しく取り調べ、公判での証言が正しかったことを認めさせようとした。それでも、A君は圧力に屈せず「偽証」の主張を貫いたが、N君は、再び一・二審の証言内容と同趣旨の供述調書に署名させられてしまった。

検察官は、両名に対し不起訴処分をした。

（3） 検察審査会による「起訴相当議決」（とその無視）

T弁護士は、この不起訴処分を不当として検察審査会に審査を申し立てた。審査会は、慎重な審査の末「起訴相当」の議決をしたが、その後、不起訴処分が覆ることはなかった（当時の検察審査会法では「起訴相当」の議決に何らの拘束力がなかった）。

N君は、（2）記載の取調べで再度虚偽の供述をさせられたことを苦にして一時自殺を考え、「検事に虚偽供述をさせられた経緯を詳細に記載した遺書」を作成した。

（4） 再審請求とその棄却

T弁護士は、真犯人の自首や二少年の偽証告白などを理由として徳島地裁に再審を請求した。そして、N君、A君は、再審請求審法廷で、「確定審での証言は偽証であった」旨証言したが、再審請求は、棄却されてしまった。

（5） 二少年の偽証に関する再度の告発（と起訴猶予処分）

T弁護士は、その後、二少年が、再審請求審の法廷で「確定審では嘘を述べた」と証言した点を捉え、検察官に対し、「確定審での証言が偽証でないと言うのなら、この再審法廷での証言こそは偽証になるはずだ」と主張し、再び偽証罪で告発した。しかし、検察官は、今度は「起訴猶予処分」をして、やはり少年らを起訴しなかった。

（6） 検察審査会の「起訴相当議決」（と再度の無視）

T弁護士は、またも、検察審査会に審査の申立てをして「起訴相当」の議決を得たが、検察官の処分は覆えらなかった。

9 検察官は「確定有罪判決を護ること」だけに全力を挙げた

「公益の代表者」とされている検察官（検察庁法四条）の責務は、起訴した被告人の有罪を求め有罪判決を護ることだけではない。無辜の人間が不当に処罰されないようにするため（無辜の不処罰）にも、真摯な努力をすべきである。

しかし、これまでに述べてきた検察官の活動は、どう考えても、「確定した有罪判決の維持・防護」だけに全力を上げたものといわざるを得ない。

特に、①茂子さんの有罪判決が確定した後、真犯人を自称する人物Yが自ら自首して出たこと、②しかも、その自白内容は、極めて詳細であったこと、さらに、③有罪判決の決め手となった二少年の証言について、彼ら自身が偽証を認めて自首して出たことなどは、常識的に考えて、茂子さんが無実であることを疑わせる重大な事実である。

それにもかかわらず、検察官は、真犯人として自首したXを不起訴とした。それだけでなく、二少年の偽証告白もまともに取り上げず、少年らに偽証告白を撤回させる努力をした上で不起訴処分とし、検察審査会の議決をも平然と無視してしまった。

二少年の証言が偽証であったことが確定判決で証明されれば、そのこと自体で再審が開始される（刑訴法四三五条二号）。したがって、二少年が確定審での偽証を告白し、刑事罰を覚悟した上自首までしたことは、茂子さんの運命に大きな意味を持つ事実であったはずである。しかし、検察官が二少年を起訴しない以上、偽証の確定判決は得られない。検察官が、再度にわたる検察審査会の議決をも平然と無視して不起訴処分を維持したのは、茂子さんの有罪判決を何が何でも防護しようとする執念を示すものである。先に述べたとおり、当時の検察審査会法では、起訴相当議決に何らの拘束力がなかったから、検察官にこういう態度を取られると、茂子さんには手の打ちようがなかった。

10　まとめ

本件は、マスコミなどが「冤罪の悲劇」を大きく取り上げる契機となった事件である。検察官は、やみくもに有罪判決の防護に走り、裁判所もそれに振り回された。「無辜の救済」よりも「法的安定性」（つまり、有罪確定判決を護ること）を重視する結果生ずる同様の悲劇は、本件発生後すでに半世紀以上を経過した現在も、依然として後を絶たない。残念至極というほかない。

4で述べたとおり、茂子さんに対しては、第六次再審請求でその主張が認められ無罪判決が言い渡された。しかし、残念ながら茂子さんは、そのときすでにこの世の人ではなく、無罪判決を聞くことが叶わなかった。

◆ 第13回

何の嫌疑もない青年を軽微な別件で逮捕・勾留して厳しく取り調べ、幼女誘拐殺人等につき虚偽自白させて起訴し死刑を求刑した
——島田事件

【事件発生：一九五四（昭和二九）年三月一〇日】
・静岡地判昭和三三年五月二三日判タ八一号九四頁（死刑）①
・東京高判昭和三五年二月一七日（控訴棄却）②
・最一小判昭和三五年一二月一五日（上告棄却）③
〔第四次再審請求〕
・静岡地決昭和五二年三月一一日判タ三四八号一二五頁（棄却）④
・東京高決昭和五八年五月二三日判時一〇七九号一一頁（取消し、差戻し）⑤
・静岡地決昭和六一年五月二九日判時一一九三号三五頁（再審開始）⑥
・東京高決昭和六二年三月二五日判時一二二七号三頁（抗告棄却）⑦
・静岡地判平成元年一月三一日判時一三一六号二一頁（無罪）⑧

本件は、事件後二か月半も経過した後、本件について何らの嫌疑もない被告人を軽微な別件で逮捕した上、その供述するアリバイを否定して犯行を無理やり自白させ、死刑判決を受けさせたものである。

なお、本件は、死刑確定者に対し再審無罪判決が言い渡されたものとしては、四件目である。

1　どのような事件だったのか

一九五四（昭和二九）年三月一〇日、静岡県島田市内のお寺の境内で友だちと遊んでいた当時六歳の幼女（H子ちゃん）が若い男に誘い出され、近くの山林内で殺害された。死体には外陰部裂創、胸部に革皮様化した表皮剥脱、肺出血等の傷害があり、死因は頸部圧迫による扼殺と判断された。

警察は、死体の状況などから、犯人がH子ちゃんを強姦した上で胸を石で叩き、さらに手で首を絞めて殺害したと判断した。

2　捜査はどのように行われたのか

警察は、目撃者の供述をもとにモンタージュ写真を作成して聞き込みを続ける一方、死体の状況から「変質者」の犯行と見て素行不良者の洗い出しに努め、二〇〇人から三〇〇人もの若者を取り調べた。その中には、犯行を認めて逮捕される者もいたが、決定的証拠がなく釈放され、捜査は難航した。

ところが、事件後二か月半を経過した五月中旬になって、島田署が重要参考人として近県に手配していた赤堀政夫氏が、岐阜県下で職務質問を受けた後島田署に任意同行された。警察官が本件当時の行動について詳しく追及すると、赤堀氏が述べた三月一二日の行動が事実と異なっていた。赤堀氏は、当日、実際は神奈川県下の大磯署で取調べを受けていたのを誤って隣の平塚署と供述したため、裏付けが得られなかったのである。このことから、警察は赤堀氏が嘘の弁解をしていると見て嫌疑を深め、軽微な別件（窃盗）で逮捕・勾留した上で厳しく追及し、赤堀氏を本件犯行の自白に追い込んだ。検察官は、この警察捜査をそのまま是認して、赤堀氏を「強姦致傷、殺人罪」で起訴した。

3　確定審の裁判はどのように進行したのか

赤堀氏は、公判で犯行を徹底的に否認した。本件においては、赤堀氏を犯行と結びつける証拠は自白しかなく、その自白には、後に述べるように重大な問題があった。しかし、裁判所は、自白の任意性・信用性を肯定して赤堀氏を有罪と認め死刑を言い渡した。そして、赤堀氏の控訴・上告は棄却されて、一九六一（昭和三六）年一月、死刑判決が確定した。

赤堀氏の自白には、確定審段階から重大な問題があった。すなわち、自白調書では、犯行の順序が、「姦淫→胸部殴打→頸部圧迫」とされていたのに、死体を解剖したS鑑定人は、「陰部・胸部の傷は、頸部圧迫による殺害行為の後である」としていて、自白は、鑑定人の見解と矛盾していたのである。第一審裁判所は、この矛盾に気づいたため、一旦終結した弁論を職権で再開して、東京大学医学部法医学教室教授・古畑種基氏を証人として調べた。そして、同人から、「死体の状況は赤堀氏の自白と矛盾しない」とする証言を得た上で、死刑を言い渡したのである。

4　再審の裁判はどのように進行したのか

赤堀氏は、死刑判決が確定した一九六一（昭和三六）年以降、繰り返し再審請求をしたが、いずれも棄却されていた。ところが、静岡地裁がした第四次再審請求棄却決定（昭和五二年三月一一日）が即時抗告審（東京高裁）で取り消されて、事件は原審へ差し戻された（⑤決定）。

そして、その後赤堀氏に対しては、静岡地裁で再審開始決定がされ（⑥決定）、検察官の即時抗告も棄却された（⑦決定）。そして、再審公判では、赤堀氏に対し無罪判決が言い渡された（⑧判決）。この判決は確定し、その結果赤堀氏は三十数年ぶりに死刑台から生還することができた。先に述べたとおり、本件は、再審によって死刑囚が生還した四件目の事案である。

再審段階における最も中心的な争点は、自白と鑑定の矛盾である。弁護人からは、新証拠として、古畑鑑定を誤りであるとする多数の法医学者の意見書が提出された。第四次再審請求を棄却した静岡地裁は、これら意見書の正しさを認め、自白調書で述べられた犯行の順序を誤りであるとしたが、「犯行を認めた」限度では信用性があるとして再審請求を棄却していた。これに対し、即時抗告審は、原審のこの判断は誤りであるとして、これを取り消し、差し戻したのである。

再審公判における無罪判決（⑧判決）は、胸部や陰部の傷害が死後に生じたとする弁護人の主張をそのままは認めなかった。しかし、判決は、自白に変遷や不自然な点、あるいは客観的事実に反する部分が多く、胸部を殴打したとされた石についても疑問があることなどを詳細に指摘して無罪判決をした。

5　何が問題だったのか

最大の問題は、警察が、本件について何の嫌疑も認められない赤堀氏を、軽微な別件で逮捕・勾留して本件について厳しく追及し、虚偽自白を引き出してしまった点である。

赤堀氏は、当時、自宅を出て諸所を放浪している身であった。そのため、事件から二か月半も経過した時点で、「三月上旬にどこで何をしていたか」を聞かれた場合、正確に思い出せなくても仕方がないはずである。しかも、赤堀氏には、軽度の知的障害があった。そういう赤堀氏が、懸命に記憶をたどりながら自分の行動を述べた際、1で述べたように、三月一二日に取調べを受けた警察署を誤って述べてしまったとしても責められないはずである。それなのに、警察は、「赤堀氏が嘘の弁解をしている」と見て、一気に「赤堀氏犯人説」になだれ込んだように見える。

自白調書で述べられたH子ちゃん誘い出しの状況等は、おおむね、目撃者の供述に沿うものであるが、重要な点で食い違いもあった。また、犯行状況に関する部分は、先に述べたとおり、S鑑定人の鑑定結果と当初から矛盾していた。さらに、胸部殴打の凶器とされた石については、血液・体液の付着の有無に関する鑑定がされたのかどうか、最後まで明らかにされなかった。

それなのに、別件逮捕中に無理やりさせられた自白が裁判所でも信用されて一審の死刑判決がそのまま確定し、再審も容易に開始されなかった。確かに、本件については、松川事件（第4回）や松山事件（第15回）におけるような「警察・検察による重大な証拠隠し」があったわけではない。しかし、それにもかかわらず、「誤った死刑判決」がそのまま確定し、その救済に三十数年もかかってしまった。

別件逮捕中の自白強要は現在でもごく普通に行われている。その典型例は、今市事件（宇都宮地判平成二八年四月八日の無期懲役判決が、その後、東京高裁、最高裁により是認された）である。また、本件の第四次再審請求を棄却した静岡地裁の決定が、自白で述べられた犯行の順序を誤りであるとしながら、犯行を認めた限度で自白の信用性を認めた点は、同様の判断を示した今市事件控訴審判決を想起させる。そういう意味で、本件は、容易に冤罪を発生させる刑事裁判の危うさ・恐ろしさを改めて痛感させる事案であるというべきである。

軽微な別件（窃盗事件）で逮捕・勾留・起訴した上、この起訴後勾留を利用して長期間本件（強盗殺人）を厳しく追及し虚偽自白させた
——仁保（にほ）事件

【事件発生：一九五四（昭和二九）年一〇月二六日】
・山口地判昭和三七年六月一五日下刑集四巻五・六号五二四頁（死刑）
・広島高判昭和四三年二月一四日判時五二八号三頁（控訴棄却）
・最二小判昭和四五年七月三一日判時五九八号三七頁（破棄差戻し）
・広島高判昭和四七年一二月一四日判時六九四号一六頁（無罪）

本件は、八海事件（第9回）の約二年九か月後に、同じ山口県下で発生した重大冤罪事件である。一・二審の死刑判決が最高裁で破棄差し戻され、最終的に無罪判決が確定した点でも八海事件と似た経過を辿っている。その上、批判されるべき問題点も多数あるので、少し詳しく紹介する。

1　どのような事件だったのか

一九五四（昭和二九）年一〇月二六日午前零時ころ、山口県吉敷郡仁保（にほ）の被害者方に賊が侵入し、被害者夫妻と子ども三人、それに老母の一家六人を唐鍬（とうぐわ）で殴打して瀕死の重傷を負わせ金七七〇〇円を強取した後、出刃包丁で六人の頸部を順次突き刺して殺害した。本件は、このよう

に、稀に見る凶悪な強盗殺人事件である。

2　捜査はどのように行われたのか

　警察（山口署）は、当初、物盗りと怨恨の二班を編成して捜査を開始し、怨恨説から第一通報者である隣家の主人を逮捕したが、嫌疑が固まらず釈放の余儀なきに至る。そのため、その後は「物盗り」説に戻り、近隣の前科者や素行不良の地元青年等を多数リストアップし、それらの者に関するアリバイの有無などを中心に捜査を進めた。そして、リスト中に名前のあった岡部保さんは、犯行当時地元を離れていたことから、一旦はリストから外された。しかし、その後、他の容疑者にアリバイが成立したのに対し、岡部さんについては当時の所在がはっきりつかめなかったことから、警察は、岡部さんに最後の望みを託すことになった。そして、本件の二年以上前に発生した「S方への住居侵入・窃盗未遂」（以下「別件A」）の容疑で岡部さんの逮捕状を取り全国に指名手配した。他方、大阪の天王寺署は、事件から約一年を経過した翌一九五五（昭和三〇）年九月、天王寺公園内でバタヤ生活（路上で廃品回収等を行い生活すること）をしていた岡部さんを、マンホール蓋を盗んだ窃盗容疑（以下「別件B」）で取り調べ、本籍照会をした結果、岡部さんが別件Aで全国指名手配中であることを知った。そこで、同署は、岡部さんをこの別件Aで直ちに逮捕し山口署に護送した。

　山口署は、その後の勾留期間中に別件Aについて岡部さんを取り調べる一方、並行して本件強盗殺人事件に関するアリバイ関係の取調べをした。岡部さんは、別件Aについては認めて争わなかった。

　検察官は、一九五五（昭和三〇）年一〇月三一日に岡部さんを別件Aで起訴したが、その後警察は、この起訴後の勾留を利用して、一一月初旬から本件強盗殺人事件について本格的な取調べを行った。警察官は、岡部さんに対し、「本件犯行が行われた時期に大阪を離れていたのではないか」「本当は、仁保で強盗殺人をしたのではないか」などと迫って厳しく追及した。後に述べるように、厳しい拷問も行われたと思われる。しかし、岡部さんは、本件については徹底して否認した。

別件Aに関する起訴を受けて、山口地裁は、その公判期日を同年一一月二九日と指定したが、検察官は、裁判所から指定された公判期日を「当職差支えのため」との理由で変更請求した。すると裁判所は、公判期日を変更するとともに「公判期日は追って指定する」こととした。

一一月二二日に至り、岡部さんは本件強盗殺人事件をほぼ全面的に認める最初の自白をし、自白調書も作成された。その後も、岡部さんに対する取調べはほぼ連日長時間にわたって行われ、自白に基づく証拠物の捜索も実施されたが、自白の裏付けとなる証拠物は発見されなかった。

一二月一〇日に至り、検察官は、岡部さんの大阪での別件窃盗（「別件B」）についても起訴し、裁判所は、これを別件Aと併合審理する旨決定した。

ところが、裁判所は、その後も、別件A、同Bに関する公判期日を指定しなかった。そのため、翌一九五六（昭和三一）年に入っても、警察は、別件A、同Bの起訴後の勾留を利用して岡部さんに対する本件の取調べを続け、一月中旬には、検察官も警察の取調室で岡部さんを取り調べた。岡部さんの身柄は、一時刑務所に移されたが、刑務所でも本件に関する検察官の取調べは続き、これら一連の取調べによって多数の自白調書が作成された。

別件Aによる起訴から五か月を経過した一九五六（昭和三一）年三月三〇日に至り、検察官は、ようやく本件強盗殺人罪で岡部さんを起訴した。そして裁判所は、検察官の申立てに基づいて、初めて本件に関する勾留状を職権により発付した。

四月一日、裁判所は、本件と別件A、同Bを併合して審理する旨決定し、翌二日、弁護人選任照会に関する岡部さんの回答を待つことなく、同月二〇日付けで国選弁護人を選任した。その後、岡部さんが私選弁護人二人を選任したので、国選弁護人は解任された。

3　裁判はどのように進行したのか

公判で岡部さんは、併合審理された別件A、同Bはいずれも認めたが、本件強盗殺人罪については「全く身に覚えがない」として完全否認し、「警察における自白は拷問に屈したためである」と主張した。弁護人も、岡部さんの自白は拷問によるものであり、任意性も信用性もないと主張した。

第一審裁判所は、警察における拷問の事実を否定しつつも、「警察官の追及が急であったため、多少の無理があったのではなかろうかとの一抹の疑念」が残るとして警察での自白の任意性を否定した。しかし、検察官に対する自白の任意性は認めた。その上で、岡部さんが自白後に作成した和歌や手紙などをも総合して、岡部さんを犯人と認め、死刑を言い渡した。

これに対し、控訴審は、警察での自白の任意性も肯定した。また、控訴審では、岡部さんの自白調書が別件起訴後の勾留を利用した取調べによって作成されたものであるという観点からもその証拠能力が争われた。しかし、裁判所は、「別件での逮捕・勾留がもっぱら本件の取調べに利用する目的または意図をもってことさらなされたとは認められない」として証拠能力を認めた。

上告審において弁護人は、①自白調書が違法な別件逮捕、不当な長期勾留によって作成されたものであること、②弁護人選任権の侵害があったこと、③強制、拷問があったことなどを指摘して自白の証拠能力を争うとともに、④一・二審判決には重大な事実誤認があると主張した。上告審（最高裁第二小法廷）は、①ないし④の主張に対する判断を示さないまま、職権調査の結果、原判決は「重大な事実誤認をした疑いが顕著」であるとして、これを破棄し事件を広島高裁に差し戻した。

差し戻された広島高裁は、その約二年半後、岡部さんに対し強盗殺人罪につき無罪（窃盗罪については有罪）判決を言い渡した。その理由は、（一）岡部さんの警察での自白は、その任意性に疑問があって証拠能力がない、（二）警察での自白だけでなく検察官に対する自白も、長期にわたる別件起訴後の勾留を本件の取調べに利用して得られたものであるから、証拠能力がない、（三）仮にそれらの証拠能力を肯定しても、本件においては、岡部さんと犯行を結びつける証拠がない、というものである。

これに対し検察官が上告を断念したので、岡部さんは、一八年ぶりに青天白日の身となった。

4　警察・検察の違法捜査の内容はどのようなものだったのか

本件では、控訴審判決が上告審で破棄されたことからもうかがわれるとおり、差戻前一・二審判決の事実認定にはもともと重大な疑問があったのである。

しかし、ここでは、とりあえず「捜査・取調べの違法」を中心に紹介する。

（1）拷問によってひたすら自白を求め続けたこと

警察は、初動捜査の段階で「現場保存を怠る」という初歩的かつ重大なミスを冒した。現場の血染めの畳、障子など一切のものを、近隣住民が焼却処分するに任せ、重要な物証の獲得に失敗したのである。そのため、警察は、目星をつけた者を追及して自白させる以外に、犯人検挙の方法がなくなった。これが、その後長期間にわたる岡部さんに対する厳しい追及・拷問につながったのである。

岡部さんは、一・二審及び差戻後の控訴審において、警察・検察の取調べで、拷問による厳しい取調べを受け自白させられたと供述した。

差戻後控訴審判決によると、取調べ状況に関する岡部さんの供述は、おおむね以下のようなものであった。すなわち、

「長時間正座させられ、体がしびれ小便が出てもわからんようになった。かわるがわる打つ、蹴る、殴る、耳をねじまげる、鼻をはじく、投げ飛ばす、指の間に鉛筆をいれてねじ上げる、頭をひもで後ろのズボンにくくりつけて頭をそらせる、顔を箒（ほうき）で逆なでする、正座した膝の上に乗る、寒中にやかんの水を首筋にたらしうちわであおぐ、金だらいで冷やす等の暴行を加えられ、そのため歯ぐきから血が飲みきれないくらい出たり、頬の一方がよおけはれて青くなったり、着衣が破損した。食事も満足に食べさせられず、昼食は晩に、晩食は夜中一二時頃に食べさせられ、幾晩も留置場に帰らせてくれなかった」

岡部さんは、以前、ごく短期間警察官をしていた経験がある。しかし、その点を考慮しても、自ら実際に経験していない特異な拷問の事実を、ここまで具体的に迫力ある表現で供述することは不可能であると考えるべきである。警察官が岡部さんを拷問により追及したことは事実と認めざるを得ないであろう。

（2）　別件起訴後の勾留（身柄拘束）を利用して、五か月間に及ぶ追及的な取調べをしたこと

仁保事件における最大の特徴は、別件A、同B（2参照）による起訴後の勾留（身柄拘束）を利用して、五か月間にもわたり、弁護人のつかない状態で、警察・検察が本件について厳しい取調べをして岡部さんを自白に追い込んだことである。

いわゆる別件逮捕・勾留が冤罪の原因になった事例は数え切れないほどの多数に上る。しかし、それらの事件の多くで取られた手法は、軽微な別件（甲罪）で逮捕・勾留した後、その起訴前の勾留（身柄拘束）を利用して、令状の出されていない重い本件（乙罪）の取調べを行って乙罪に関する自白を得た後、改めて乙罪について逮捕・勾留し再度自白を求めるというものであった。そのような手法による別件逮捕・勾留が行われると、被疑者は、乙罪について令状が出ていないのに、あたかもそれについて令状が出されているのと同様の取調べを受けることになり、令状主義が潜脱される。また、乙罪による身柄拘束期間が事実上二倍になるという不合理も生ずる。したがって、別件逮捕は、それ自体が重大な人権侵害である。しかし、それでも、その場合は、乙罪の取調べに利用される身柄拘束期間は、最大限、甲罪と乙罪の各逮捕・勾留期間を合算したもの（すなわち、乙罪の身柄拘束の二倍、四六日）に止まる。

ところが、仁保事件における岡部さんの場合は、別件である窃盗罪の起訴後の勾留を利用して、通常の別件逮捕の場合とは比較にならない五か月という長期間、令状の出ていない強盗殺人罪に関する取調べが続いたのである。この点で、仁保事件における捜査方法の違法（令状主義の潜脱）は、他の事件のそれと比べても格段に悪質であったといわなければならない。

仁保事件と同様に、警察が別件起訴後の勾留を利用して長期間本件に関する自白を求めた事例としては、第17回で紹介する鹿児島の夫婦殺し事件がある。この事件における被告人も、別件の起訴後勾留を利用して二か月半という長期に及ぶ厳しい取調べを受けたが、仁保事件における岡部さんは、その二倍にも達する五か月という長期間、身柄拘束のまま、拷問までされて自白を追及されたのである。想像するだけでも恐ろしいことといわなければならない。

(3) 取調べ状況について恣意的に場面を選択して録音したこと（取調べ録音テープを改ざんした疑い）

本件においては、被疑者の取調べ状況が警察で録音されていた。これは、本件にやや先行して審理された八海事件の経験を参考にしたものと理解される。すべての取調べに及んだかどうかは明らかでないが、裁判所に証拠として提出された取調べ録音テープは合計三〇巻に上る。これら録音テープを、検察官は、「自白の任意性を立証するための証拠」として提出したのである。

しかし、提出されたテープの録音時間は、全取調べ時間と比較すれば「ごく一部」であり、取調べのあった日の捜査日誌の記載と比較しても、半分あるいはそれより遥かに短い時間しかなかった。また、

「重要な供述或いは重要な供述の変更の際の録音」がほとんどなかった。これらの点からすると、録音テープは録音場面を恣意的に選択してなされたか、都合の悪い部分を消去するなどして改ざんされた疑いがあると考えるほかない。仮に改ざんされていなかったとしても、取調官に都合のいい部分だけを選んで録音することは、取調べ状況に関する裁判所の判断を誤らせるおそれが大きく、違法というほかない。

その上、そのようにして録音されたテープの発言内容からだけでも、岡部さんに対する取調べの厳しさは容易にうかがえる（筆者もかつてテレビ放送されたこの録音テープを聞いたことがある）。この録音テープを「任意性を立証するもの」として証拠申請した検察官のセンスには驚くほかない。

（4）　弁護人選任権を侵害したこと

岡部さんは、別件Aで起訴された後、国選弁護人を付せられることなく、公判期日未指定のまま長期間放置された。別件Bが起訴されても同じである。なぜこんなことになったのか。

それは、別件Aが起訴された後、裁判所が公判期日を指定したのに対し、検察官が「差支え」を理由として期日の変更を求め、裁判所が「追って指定」としてしまったからである。かくして、岡部さんは、別件起訴後も、弁護人の助力を得られないまま、合計五か月間もの長期間、この起訴後勾留を利用した厳しい取調べに「孤独な闘い」をせざるを得なくなった。

5　裁判所は違法捜査を阻止できなかったばかりかこれに手を貸した

仁保事件の捜査経過・審理経過を見ると、捜査機関による前記のような違法捜査が可能になった原因は、裁判所の「まことに煮え切らない態度」にあったことが明らかである。そこで、以下においては、裁判所の態度のうち特に問題となる点を指摘することにする。

（1）警察官による拷問の事実を否定したこと

取調べ状況について、岡部さんは、公判廷で、4（1）で紹介したような悲痛な叫びを発している。また、その状況は、検察官が「自白調書の任意性立証のため」に提出した録音テープにも一部収録されていた。当時山口署に収容されていた者の中にも、岡部さんが拷問を受けた事実を示唆する証言をする者が四人もいた。

しかし、それなのに、裁判所は、岡部さんの供述やこれら証人の証言の信用性を否定し、逆に、「それらの拷問はなかった」とする警察官の証言を信用してしまったのである。

それでも、差戻前第一審と差戻後の控訴審では、極めて遠回しな言い回しによってではあるが、警察段階の自白の任意性を否定した。しかし、「拷問」の事実を認めた裁判所は一つもない。そればかりか、検察官に対する自白の任意性を否定した裁判所もなかったのである。

裁判所は、被告人の言い分には「眉に唾つけて聴き」、警察官の証言は、「ほぼ盲目的に信用する」、という方針であったかのようである。二保事件（第5回）で指摘した「宣誓神話」も「ここに極まれり」というほかない。

（2）　別件起訴後に指定した公判期日を変更し「追って指定」とした上、国選弁護人の選任もしなかったこと

別件Aが起訴された後、裁判所は、公判期日を一旦は「昭和三〇年一一月二九日」と指定した。ところが、裁判所は、検察官から差支えによる公判期日変更の申立てを受けると、この期日を取り消した上「追って指定」としてしまった。「追って指定」とは、当面公判期日を指定しないで事件を放置する、という意味である。さらに、別件Bが起訴されても裁判所は公判期日を指定しなかった。裁判所が第一回公判期日（昭和三一年五月二日）を指定したのは、本件強盗殺人事件が起訴された後のことである。

（3）　国選弁護人の選任を遅延したこと

他方、裁判所は、別件Aの起訴後である一九五五（昭和三〇）年一一月八日付でした国選弁護人選任照会に対し岡部さんが選任依頼の回答をしたのに、その後四か月近くも弁護人を選任せずこれを放置した。裁判所が岡部さんに国選弁護人を選任したのは、本件強盗殺人罪による起訴後で、第一回公判期日の一月前である一九五六（昭和三一）年四月二日であった（このときは、先の選任回答書を四か月間も放置した後ろめたさからか、岡部さんの回答を待たず、いち早く国選弁護人を選任している）。

そのため、岡部さんは、結局五か月もの長期間、警察の厳しい取調べに「孤独な闘い」をしなければならなかったのである。

以上のような経過からすると、裁判所は、「捜査官が岡部さんから虚偽自白を引き出すことに事実上手を貸した」と批判されても仕方がない。別件で起訴された岡部さんに対し、裁判所はなぜ早期に国選弁護人を選任しなかったのか。また、なぜ、速やかに第一回公判期日を指定しなかったのか。誰でも疑問に思う点であろう。

確かに、本件当時は「捜査段階における国選弁護人」の制度はなかった。しかし、別件起訴後、別件に関する国選弁護人が速やかに選任されていれば、岡部さんは、接見に来る弁護人に対し起訴事実以外の本件で厳しい取調べを受けている事実を告げて法的アドバイスを受けることは可能であった。弁護人の働きいかんによれば、警察の過酷な取調べ（拷問）を中止させることができた可能性さえある。

以上の経過によると、先に述べたとおり、「裁判所が捜査当局の違法捜査に手を貸した」ものであると批判されてもやむを得ないのではないか。それなのに、差戻前の一・二審はもちろん、岡部さんに無罪を言い渡した差戻後控訴審判決でさえ、裁判所が国選弁護人を本件起訴後まで選任しなかったことを「違法」とは言わないのである。

6　違法捜査の恐ろしさなど

最後に、本件の調査を通じ感じた感想を記載する。

本件は、捜査が難航し暗礁に乗り上げた時に、警察・検察がいかになりふり構わず権力を振り回すか、そして、それを阻止すべき裁判所が、いかに無力であるかを、実に端的に教えてくれる絶好の教材である。後に取り上げる鹿児島の夫婦殺し事件（第17回）でも、別件起訴後の勾留を利用した長期間の取調べが行われている。また、すでに紹介した八海事件（第9回）の取調べ状況も、本件とよく似たまことに厳しいものであった。

もっとも、多くの読者は、これらの事件は「遙か昔の」もので、「まさか二一世紀の現在、こういう取調べがされることはあるまい」と考えるかもしれない。しかし、裁判員裁判が開始された後、そして、部分的にせよ可視化（録音・録画）が行われるようになった現在でも、別件逮捕・勾留や別件起訴後の勾留を利用した長期間の取調べ、さらには、取調べ中における暴力の行使がなくなった訳ではない。この点は、八海事件（第9回）、島田事件（第13回）の解説でも触れたが、今市事件にその典型的な例が見られる。この事件の控訴審判決（東京高判平成三〇年八月三日判時二三八九号三頁）は、警察が、被告人を軽微な別件で身柄拘束した上、起訴後の勾留を利用して長期間にわたり本件に関する取調べをしたこと、そして、別件起訴後の勾留中に、取調警察官が被告人に激しい暴力を振るった疑いがあることを認めている。ところが、裁判所は、それにもかかわらず、本件勾留後にされた自白の任意性を認めてしまった（この点については、ぜひとも、拙稿「今市事件控訴審判決に対する五つの疑問」判時二四二四号三頁以下を参照していただきたい）。このように、捜査が難航する事件において警察がする被疑者の取調べは、現在においても、八海事件、仁保事件当時と本質的には変わっていないと理解すべきである（その実例として、本書では、平成・令和の冤罪事件を新たに二件紹介している。プレサンス元社長冤罪事件〈第29回〉及び大川原化工機事件〈第30回〉がそれである。これらの事件についても、明白な違法捜査が行われたが、有罪判決に至ることなく、公訴棄却ないし無罪判決によって最終的に事件が決着した。しかし、そこに至るまでに被告人らが受けた精神的・肉体的苦痛は甚大であった）。

唯一の救いは、本件では、八海事件に続き、最高裁が二日にわたる口頭弁論を実施し、一・二審の死刑判決を破棄して差し戻した点であるが、最高裁も、本件における一・二審判決の具体的問題点（法律論）には踏み込まなかった。しかしそれでも、前記今市事件においては、冤罪を疑うべき多くの徴憑があるのに、最高裁が弁論を開くこともなく平然と被告人の上告を棄却してしまった（令和二年三月四日）のと対比すると、当時の最高裁の方が人権救済の上でまだしも役立っていたとさえいえる。なんとも情けない話ではないか。

◆第15回

犯行着衣等に血痕反応がないとする鑑定書を隠匿したまま起訴し死刑判決を受けさせた
——松山事件

【事件発生：一九五五（昭和三〇）年一〇月一八日】
・仙台地古川支判昭和三二年一〇月二九日（死刑）
・仙台高判昭和三四年五月二六日（控訴棄却）
・最三小判昭和三五年一一月一日（上告棄却）
［第二次再審請求］
・仙台地古川支決昭和四六年一〇月二六日（棄却）
・仙台高決昭和四八年九月一八日判時七二一号一〇四頁（取消し、差戻し）
・仙台地決昭和五四年一二月六日判時九四九号一一頁（再審開始）
・仙台高決昭和五八年一月三一日判時一〇六七号三頁（抗告棄却）
・仙台地判昭和五九年七月一一日判時一一二七号三四頁（無罪）

本事件で、警察は、別件逮捕した斎藤幸夫さんに、被害者一家四人を薪割り様のもので皆殺しにしたという自白をさせた。しかし、犯行当時着用していたはずのジャンパーやズボンのほか、帰宅後寝た寝具（掛け布団）にも血痕の付着が見られず、そのことは警察段階での鑑定で明らかだった。ところが検察官は、これら鑑定書を隠匿したまま斎藤さんを起訴し、死刑判決を受けさせたのである。

1　どのような事件だったのか

一九五五（昭和三〇）年一〇月一八日、宮城県志田郡松山町（現大崎市）内で、早朝、被害者V方に侵入した何者かが、就寝中の一家四人の各頭部に薪割り様のもので順次数回切りつけて全員を殺害し、その際V方に放火して全焼させた。

警察は、①痴情・怨恨と②物盗り双方の線で捜査を進めた。当初は痴情・怨恨説が有力であったが、この説には適当な攻め手が見当たらなかったことなどから、物盗り説に基づき、素行不良の斎藤青年に目星をつけて別件逮捕し自白を迫った。斎藤さんは当初否認したが、同房者の「自白して裁判で本当のことを言ったらよい」という助言を真に受けて、四日後に虚偽自白に落ち、「遊興費取得目的による強盗殺人、非現住建造物放火罪」で起訴された。

2　公判はどのように進行したのか

確定審において、斎藤さんは、公訴事実を全面的に否認したが、第一審判決は、自白の任意性・信用性を認め、斎藤さんに死刑を言い渡した。この判決は、高裁・最高裁でも維持された。

自白の裏付けとなる物的証拠は、斎藤さんが当日帰宅後就寝したとされる掛け布団襟当てに多数の血痕群があり、その血液型が被害者のそれと矛盾しないという鑑定書であった。東北大学法医学教室三木助教授の鑑定などによると、押収当時、掛け布団襟当てには、表裏合わせて八五個の血痕が付着していたとされたのである。これは、事件当夜頭髪に血のついた斎藤さんがそのまま寝たために付着したと考えられ、「動かぬ物的証拠」とされた。

もっとも、この点については、捜査段階で行われた県警鑑識課平塚技師の鑑定書があり、これは「掛け布団の裏には人血が付着していない」という見解を示していた。しかし、検察官は、確定審でこれを秘匿し通した。他方、斎藤さんが当日着用していたとされるズボンとジャンパーについても、平塚技師の「人血は付着していない」という鑑定書が作成されていた。この鑑定書は、控訴審段階で弁護人に開示されたが、裁判の結果を左右するに至らなかった。

3　再審請求の経過はどうだったのか

斎藤さんの第一次再審請求は「棄却」で確定し、第二次請求も一審では棄却された。しかし、即時抗告審である仙台高裁は、刑訴規則二八六条違反という手続的な理由で原決定を取り消し、差し戻した。これは、原審が証拠決定をした鑑定人の尋問について、尋問期日を取り消しただけで、証人決定自体を取り消さないまました再審請求棄却決定が刑訴規則二八六条の趣旨に反するというのである。

差し戻された二度目の第一審（仙台地裁）で再審開始決定がされ、検察官の即時抗告も棄却された。再審公判では、斎藤さんに対し無罪判決が言い渡されて確定した。

4　再審で無罪とされた理由は何か

本件で斎藤さんと犯行を結びつける証拠は、捜査段階における自白（自白調書）だけである。

そして、自白の信用性をめぐる確定審以来の争点は、①犯行当時斎藤さんが着用していたとされるズボンとジャンパーに血痕付着の反応が認められない理由、及び②当日帰宅後就寝した自宅の布団（掛け布団）の襟当てに血痕が付着していたかどうかの二点であった。

先に2で述べたように、確定控訴審で開示された平塚技師による鑑定によっても、ズボンとジャンパーからは、血痕反応が得られていなかった。

斎藤さんの自白によると、「犯行場所からの帰途、ズボンが血でヌラヌラする」ように感じたとされていたのであるから、ズボンに血痕反応がないことは、そもそも不可思議なことである。しかし、捜査官は、斎藤さんに「帰途、溜め池の水で土を混ぜて洗った」と供述させ、家族からも「差し押さえられるまでにズボンもジャンパーもそれぞれ一回固形石鹸で洗濯（手洗い）している」という供述を得ていた。さらに検察官は、これが犯行当時の着衣かどうか判然としないという主張までした。これによって、ズボン等から血痕反応が得られないことの合理化を図ったのである。

その結果、確定控訴審では、この平塚鑑定が開示されたにもかかわらず結論は変わらなかった。しかし、この点に関する認定は、再審段階の審理で大きく揺らぐことになる。

再審段階においては、弁護人から「ヌラヌラするほどの血液が付着した場合、二度の洗濯によって血痕反応が消失することはない」とする新鑑定が提出され、これに平塚鑑定を合わせると、「犯行着衣から血痕反応が得られない不合理」は容易に説明し難くなった。再審無罪判決では、「ズボン・ジャンパーには当初から多量の血痕は付着していなかった蓋然性が高い」とされた。

5　何が問題だったのか

検察官が、平塚技師の二つの鑑定書を秘匿したことが誤判を招く大きな原因であったことは間違いない。ズボン・ジャンパーに関する平塚鑑定書は確定審段階で開示されたが、より根本的な疑問につながる掛け布団に関する平塚鑑定書が再審段階まで秘匿された意味は、もちろん大きい。別件逮捕や同房者による不適切助言も大いに問題である。

ただ、本件については、それ以前の問題として、自白の不自然性に、検察官も裁判所も早期に気づくべきであったと思われる。先にも述べたとおり、斎藤さんの自白では、犯行場所からの帰途、ズボンとジャンパーを溜池の水で（土を混ぜながら）洗濯し、水を絞り出した上で再度着用し、途中約二時間休憩して帰宅したというのである。

しかし、考えてもみていただきたい。犯行があったとされるのは、一〇月一八日早朝（午前四時ころ）である。東北地方（宮城県下の郡部）の一〇月中旬、特にそれが早朝ともなれば、かなりの寒さであったことが容易に想像できる。そういう時間帯に、斎藤さんが、ズボンとジャンパーを溜池で（土を混ぜて）水洗いし、再度これを着用して帰宅したというストーリー自体が、そもそも不自然極まるものではないか。しかも、自白によれば、斎藤さんは、濡れた着衣のまま途中二時間杉林の中で休憩したというのである。明け方の寒さの中で、斎藤さんが濡れたズボンとジャンパーを着用したまま二時間も休んでいれば、たちまち「低体温症」に罹患することが確実である。

現に、再審開始後の再審公判では、現実に同じ時期に行われた夜間検証の際、弁護人の一人がズボン・ジャンパーを水で洗い再度着用する実験が行われたが、「一〇分も経たずに、顔面蒼白、震えが止まらなくなり、実験が中止された」由である（巻末参考文献二七七頁）。斎藤さんがそんな危険な行動に出るはずがないと考えれば、自白の真実性は、その一点からたちまち崩壊したと思われる。

　これは、その後石鹸をつけた洗濯によってズボン等から血痕反応が完全に得られなくなるかどうか以前の「常識の問題」である。確定審では、このような、「ごくごく当たり前の疑問」が看過され、結果として、前記掛け布団襟当てをめぐる深刻な疑惑も看過されてしまったのである。

第二章

昭和31年から昭和の終わりまで

1956-1989

一九五五（昭和三〇）年を過ぎると、戦後の復興が次第に進み、社会も落ち着きを取り戻してきた。それに伴って、違法捜査による冤罪事件は、第一期と比較する限り格段に減少している。しかし、この時期に発生した重大事件の中には、違法捜査による冤罪であることが明らかであるのに、未だに裁判所による救済が得られていないもの（狭山事件、名張事件、大崎事件など）がいくつもあり、決して楽観できる状態ではない。また、違法捜査の方法も、有罪認定の決め手とされた物証（五点の衣類など）のねつ造（袴田事件）、録音テープの改ざん（布川事件）、物的証拠のすり替え（鹿児島事件）、隠匿（松橋事件）など、大胆かつ悪質極まるものになっている。

第16回

強盗殺人事件につき、多くの違法捜査と違法な公判活動を重ねた結果、無実の若者二人に無期懲役刑を確定させた

——布川事件

【事件発生：一九六七（昭和四二）年八月二八日】

・水戸地土浦支判昭和四五年一〇月六日（無期懲役）
・東京高判昭和四八年一二月二〇日（控訴棄却）
・最二小決昭和五三年七月三日判時八九七号一一四頁（上告棄却）

〔第一次再審請求〕

・水戸地土浦支決昭和六二年三月三一日（請求棄却）
・東京高決昭和六三年二月二二日（抗告棄却）
・最一小決平成四年九月九日集刑二六一号三頁（特別抗告棄却）

〔第二次再審請求〕

・水戸地土浦支決平成一七年九月二一日（再審開始）
・東京高決平成二〇年七月一四日判タ一二九〇号七三頁（即時抗告棄却）
・最二小決平成二一年一二月一四日集刑二九九号一〇七五頁（特別抗告棄却）
・水戸地土浦支判平成二三年五月二四日（無罪）

〔国家賠償請求訴訟〕

・東京地判令和一年五月二七日判時二五七八号四五頁（国家賠償請求一部認容）
・東京高判令和三年八月二七日判時二五七八号九頁（右同）

本件は、強盗殺人罪の容疑を受けた若者二人（桜井昌司さん二〇歳と杉山卓男さん二一歳）に対する捜査・公判において、警察・検察官が種々違法な活動をした事件として超有名である。

再審で無罪判決が確定した後、桜井さんは、国家賠償請求訴訟を提起し、第一審の一部勝訴判決が控訴審でも基本的に維持され確定した（なお、杉山さんは訴訟を諦めしばらく平穏な市民生活を楽しんだが、二〇一五年に亡くなった）。

1　どのような事件だったのか

一九六七（昭和四二）年八月三〇日、茨城県利根町大字布川で、一人暮らしの男性（六二歳）の死体が発見された。現場には乱闘や金品物色の痕跡があったので、警察は強盗殺人罪と見て捜査を開始したが、捜査は容易に進展しなかった。警察は、約一月半後、素行不良の地元の若者二人（桜井さんと杉山さん）が怪しいと考え、いずれも軽微な別件で逮捕して本件の自白を求めた。その結果、二人は間もなく強盗殺人の犯行を自白し、種々のいきさつを経て強盗殺人罪で起訴された。二人は、公判では完全否認に転じたが主張を認められず、無期懲役判決が確定した。しかし、その後の第二次再審請求では二人の主張が認められ、逮捕後四四年余りにして無罪判決が確定した。

2　捜査はどのように行われたのか

現場は荒らされ、床が折れて落ち込むほか金品物色の痕跡もあったが、現場からは、犯人の特定に役立つ物証は得られなかった。捜査が難航する中、警察は、不確実な目撃供述に基づき、地元の素行不良の青年二人（桜井さんと杉山さん）に嫌疑を向けた。警察は、死体の発見から四〇日以上経過した一九六七（昭和四二）年一〇月一〇日に桜井さんを、続いて一六日に杉山さんを、それぞれ軽微な別件（桜井さんは窃盗、杉山さんは暴力行為処罰法違反。以下、桜井さんの別件を「別件A」、杉山さんの別件を「別件A′」）で逮捕・勾留した。桜井さん、杉山さんは、逮捕・勾留の根拠とされた別件はもちろん、それと同種の他の別件（桜井さんは窃盗一〇件、杉山さんは暴行、傷害など五件。以下、桜井さんの別件を「別件B」、杉山さんの別件を「別件B′」）を全面的に自白した。警察は、それにもかかわらず二人の身柄を拘束し続け、引き続き本件強盗殺人罪について厳しく取り調べた。別件について素直に自白した二人も、本件については、当初完全否認した。しかし、二人は、厳しい取調べに堪えきれず、間もなくまず桜井さんが、続いて杉山さんが本件について自白を始めた。

自白を得た警察は、別件A、A′に関する勾留期間満了後、今度は本件について二人を逮捕・勾留の上、詳細な自白調書を多数作成した。そして、警察の取調べが一段落した段階で、二人は土浦拘置支所に移監された。これは、それまでの勾留場所が、取手署（桜井さん）、水海道署（杉山さん）で検察官が在勤する水戸地検土浦支部から離れていたため、検察官の取調べに便宜な土浦に身柄を移されたものと思われる。ところが、二人は、拘置支所における検察官の取調べに対し再び本件を否認するに至る。そのため検察官は、本件について「処分保留」のまま釈放手続を取る一方、別件B、B′について二人を起訴し裁判所に令状の発付を求めた（いわゆる「令状差し替えによる求令状起訴」）。その上で、検察官は、二人の身柄を再度警察の代用監獄（桜井さんは取手署、杉山さんは土浦署）に移監させ、二人は、再び警察官の厳しい取調べを受けることになった。

二人は間もなく再度本件を自白し、その後も否認・自白を繰り返したが最終的に自白したため、本件について起訴され勾留されるに至った。

このように、二人の本件に関する供述は、①否認→②自白→③否認→④自白→⑤否認→⑥自白→⑦否認→⑧自白という具合に、他に例を見ないほどめまぐるしく変転している。

3　裁判はどのように進行したのか

(1)　確定審段階

二人は、第一審公判において、別件については全面的に認めたものの、本件については、アリバイを主張するなどして完全否認し無実を主張した。しかし、裁判所（水戸地裁土浦支部）は、二人の主張をすべて退けて無期懲役刑に処し、この判決は、高裁・最高裁でも支持されて確定した。最高裁の決定理由は、「弁護人の所論は適法な上告理由に当たらない」というものであったが、それに続けて「原判決の事実認定は正しい」とする詳細な職権判断を示している。決定文は、判例時報誌九頁に及ぶ「大作」であり、これが、後の再審段階において「厚い壁」として立ちはだかることになる。

(2)　再審段階

第一次再審請求の新証拠は、被害者の死亡推定時刻は自白された時刻（八月二八日午後九時頃）より遅く、いくら早くても午後一一時三〇分以前ということはあり得ないとする法医学者の鑑定書等であったが、裁判所（地裁・高裁・最高裁）によって簡単に排斥された。

しかし、その四年後、請求人二人が逮捕後二九年を経て仮釈放された。そこで弁護団は、自白当時の状況などにつき二人の供述を得ることができ、それをもとに第二次再審を請求した。新証拠は、「犯行現場を模した場所で自白された犯行状況を再現したら、二人の指紋が多数検出された（だから、現場から指紋が検出されない二人は犯人ではない）」とする鑑定書・報告書など多数に及ぶ。そして、水戸地裁土浦支部は、詳細な事実調べの後再審開始決定をし、検察官の即時抗告、特別抗告も棄却された。

その後行われた再審公判では、二人に対し無罪判決が言い渡され、これに対しては検察官が控訴を断念したため、二人はようやく青天白日の身になった。しかし、その時すでに逮捕後半世紀に近い年月（四四年余）が経過しており、逮捕当時二〇歳と二一歳の若者であった二人は、無罪判決を受けた時点では初老（六〇代半ば）に達していた。

4　違法捜査等の内容はどのようなものだったのか

警察・検察官の違法行為はおびただしい数に及ぶ。その中には、後に提起された国家賠償請求訴訟の第一審判決（以下「国賠判決」）で「違法」と判断されたものもかなりあるが、ここでは、国賠判決で違法とされなかったものも含め、筆者が違法と考える主なものを紹介する。

（1）本件を取り調べる目的で本件と無関係の軽微な別件で逮捕・勾留し、その身柄拘束を利用して本件について厳しく追及した

桜井さんと杉山さんを本件強盗殺人罪と結びつける証拠は存在しなかった。しかし、警察は、犯行が

行われたと推定される一九六七（昭和四二）年八月二八日当日、犯行場所に近い鉄道の駅付近などで二人を見たという不確実な目撃供述によって二人に対する嫌疑を深め、本件と全く関係のない軽微な別件A、A′により身柄を確保した上で本件について厳しい取調べをした。現行法の解釈上、逮捕・勾留された事実について、被疑者は取調べ受忍義務があるとされているが（もっとも、このような解釈自体が誤りで、被疑者には、そもそも取調べ受忍義務はないとする有力な見解も表明されている。高野隆『人質司法』角川新書、二〇二一年）、本件と無関係な別件で逮捕・勾留されているに過ぎない場合は、被疑者は本件に関する取調べを受忍する義務はないという点でほぼ異論がない。したがって、そういう場合取調官は、被疑者の協力を得て任意の取調べができるだけである。しかし、本件において警察・検察官は、そういう問題に頓着することなく、別件A、A′で逮捕・勾留されているに過ぎない二人を、本件で身柄拘束されている場合と同様に、長時間・厳しく追及したのである。

（2） 取調べに当たり虚偽の事実を告げて自白を迫った

取調官は、桜井さんの取調べに当たり、種々虚偽の事実を告げて自白を迫った。警察官が桜井さんに対し（取調べ当時、現場付近で当夜二人を見たという目撃供述は得られていなかったのに）「現場付近でお前を見た者がいる」と申し向けて自白を迫り、（母親がそのような事実を述べた事実はないのに）「母親も早く自白するように言っている」などと告げて絶望させた。また、（自白すれば新聞公表するつもりであるのに）「自白しても強盗殺人事件について新聞記事に掲載しない」などと明らかに虚偽の事実を申し向けた。これらの取調べについては、国賠控訴審判決も、「虚偽の事実を告げた高圧的・違法な取調べ」と認めている。杉山さんに対する取調べ状況も似たようなものであった。

(3) 拘置支所に移監された二人が本件について否認に転ずると、検察官は、別件で起訴後の勾留を受けているに過ぎない二人を、再度代用監獄へ移監(逆送)させた

二人が拘置支所で否認に転じた段階で、検察官は、二人を本件について「処分保留のまま釈放」する一方、別件B、B′を起訴した上、裁判所に起訴後の勾留状の発付を求めて勾留した(いわゆる「令状差替えによる求令状起訴」)。その上で検察官は、二人を、再度警察の代用監獄へ移監させた。これは、先に述べたとおり、検察官が裁判官に対し移監の同意を求め、裁判官がこれに同意した結果である。

この段階における二人の身柄拘束の根拠は、別件B、B′による起訴後の勾留だけであるから、その段階で二人を代用監獄に移監する必要は毛頭ないはずである。それにもかかわらず検察官が二人を代用監獄に移監しようとしたのは、本件に関する警察の(過酷な)取調べを可能にするためであった。このような目的による代用監獄への移監が許されるはずはない。国賠一審判決は、この移監請求を「違法でない」としているが、この判断は明らかに誤っている。

(4) 従前の自白と食い違う自白をさせて調書に書き込むに当たり、「後の裁判で争うことを計算し、敢えて矛盾する虚偽の供述をした」などと、本人がしてもいない虚偽の説明を記載した

二人の自白調書は、矛盾・変転がはなはだしく、趣旨一貫しないばかりか、現場の状況とも符合しない不合理なものであった。そういう自白調書は、そのこと自体で信用性が乏しいと争われることが予想

される。そのため取調官は、自白調書中に「後の裁判で争うことを計算し、敢えて矛盾する虚偽の供述をした」などと、常識上およそ考えられない不合理な説明を書き込んで自白の合理化を図るなど、手の込んだ細工をしたのである。

（5） 取調べの際の録音について公判で質問された際、その回数・枚数などについて警察官が虚偽の証言（偽証）をした

取調官であったH警察官とF警察官は、確定審の公判で、取調べの状況を録音した事実を認めたが、二人とも「一度だけで、他に録音したことはない」と証言した。しかし、その後検察官が第二次再審請求審において裁判所の証拠開示の勧告に応じ、それまで「不見当」（見当たらない）としていたもう一本の録音テープを開示したため、H・F両警察官の証言が虚偽（偽証）であることが明らかになった。

（6） 取調べ録音テープを改ざんした

新たに開示された録音テープについて、弁護団が専門家に依頼して鑑定したところ、録音されている取調べ時間は実際のそれより短く、録音停止箇所や巻き戻し箇所があり、テープカットの事実も確認された。これによって、警察官が取調べに関する録音テープに種々の改ざんを加えている事実が明らかになった。

（7） 事実認定に重要な影響を及ぼす証拠の開示に応じなかった

確定審において、弁護団は検察官に対し、種々の証拠を開示するよう申し立てたが、検察官はこれを頑なに拒否し続けた。しかし、国賠一審判決は、「事実認定に重要な影響を及ぼす可能性が明白であるものについては、法廷に顕出すべきである」という基本的立場から、弁護人の証拠開示を拒否した検察官の措置を一部違法と断じた。検察官が開示を拒否した証拠の中には、取調べに当たって桜井さんたちに申し向けた「当夜、被害者方前路上でお前ら二人を見た者がいる」という取調官の言葉が虚偽であることをうかがわせるものもあったのである。

5　弁護人の活動にどのような問題があったのか

確定第一審段階では国選弁護人が選任されたが、この弁護人（O弁護士）は、本件起訴後なかなか桜井さんと接見せず、初めて接見したのは、第一回公判期日の一週間前であった。

当時は、記録の謄写自体が容易でない時代であったから、記録の謄写・閲覧に時間がかかったことは予想されるが、弁護人に選任された者として最初にしなければならないことは、できるだけ早期に接見に赴き、被告人の言い分に耳を傾けることである。公判期日の一週間前に接見したのでは、詳しい打合せや準備のできるはずがない。現に、O弁護士は、桜井さんが「アリバイがある」旨告げたのに対し、「そういうことは追々聞くから」として遮り、私選弁護への切り替えを示唆するなどした由である。

控訴審以降の弁護人は献身的・精力的に活動しただけに、第一審弁護人のこのような活動は、残念至極というほかない。

6　裁判所は何を誤ったのか

「明らかな冤罪」である本件について、裁判所は二人を容易に無罪と認めなかった。そればかりか、冤罪の形成に重要な役割を果たしてさえいる。以下においては、捜査段階における裁判官の誤った判断と、自白調書の信用性に関する最高裁の誤った判断を指摘する。

(1)　別件起訴後勾留中の被疑者を拘置支所から代用監獄へ移監するよう求めた検察官の請求に、裁判官が同意したこと

被疑者・被告人の勾留場所は、本来的には拘置所（支所を含む）であるが、実務では、被疑者の勾留場所として代用監獄（警察の留置場）が使用されている。代用監獄は、取調べ警察官の事実上の支配下にあり、深夜遅くまで取調べに利用でき拷問など過酷な取調べも行われやすいから、本来はやむを得ない場合だけに使用されるべきである。しかし、現実には、取調べの便宜などを考慮して代用監獄が広く使用されている。

ただ、起訴された被告人の身柄を警察の代用監獄に止め置く理由は全くない。起訴後は、被疑者時代のように、取調べをすることが予定されていないからである。

ところが、本件においては、前記3（3）に記載したとおり、当時別件B、B′により拘置支所に勾留されていた二人を警察の代用監獄に移監するよう検察官が求めたのに対し、裁判官が同意して移監が実現してしまった。被告人をどこに勾留するかは、裁判官の発する勾留状に記載されているから、勾留場

所を拘置支所から代用監獄に移すことは、裁判官の同意（すなわち、勾留場所の一部変更の裁判）があって初めて可能になる。

二人は、勾留されている別件B、B′については全て認めており、すでに起訴されていることもあって、勾留事実に関する取り調べの必要性は全く考えられない。したがって、検察官が二人を代用監獄に戻すことを求めた理由が、勾留されていない（そして拘置支所で再び否認するに至った）「本件」について二人を厳しく取り調べるためであることは、一目瞭然である。そのような取調べが許されるはずはないから、裁判官がこの移監請求に同意したのは、明らかに違法である。裁判官は、この同意によって、その後の警察・検察官の違法な取調べを可能にしてしまったのである。

（2）自白の信用性について最高裁が明らかに誤った判断を示したこと

本件については、もともと二人を犯行と結びつける証拠は自白しかなかった。現場の状況は、金品物色の痕跡が歴然としていたが、多数の遺留指紋からは二人の指紋と合致するものは一個も検出されず、二人のものとみられる毛髪や足跡も発見されなかった。二人の供述も否認と自白の間をたびたび揺れ動き、自白内容は何度も修正されている。このような状況は、実際に犯行を経験していない被疑者が取調官に問い詰められ誘導されるまま自白させられたことを示唆する有力な徴憑である。

ところが、最高裁の上告棄却決定はこの理を認めず、自白調書が信用できる旨膨大な字数を使って説明した。しかし、その説明は、内容に乏しくおよそ説得力がない。以前最高裁は、八海事件（第9回）の第二次上告審でも、膨大な字数を使って自白の信用性を肯定する説示をしたが、その説示は、第三次上告審で誤りであるとされた。本件の上告棄却決定は、この八海事件第二次上告審判決での誤りに類したものといわなければならない。

取調官は、自白内容が変転することからその信用性が否定されるのではないかと考え、自白調書に3（4）で述べたような無理な説明、つまり、「後の裁判で争うことを計算し、敢えて矛盾する説明をした」という説明を書き込んだ。しかし、二〇歳に達したばかりでそれまで前科もなかった桜井青年が、警察の取調べに対し、あたかもプロの犯罪者を思わせる狡猾な計算をするはずがない。ところが、最高裁は、まさにこの自白調書と同じ説明によって、桜井さんの自白の信用性を肯定しているのである。驚くべきことである。

供述調書は、取調官が被疑者の説明をそのまま記載するのではなく、取調官が適宜取捨選択し、取調官の言葉で取りまとめたものに過ぎない。その中には、誘導して無理に答えさせたものも含まれる。したがって、当然のことながら、その信用性判断において、表現方法の迫真性や生々しさに惑わされてはならない。自白調書の信用性は、あくまで、物的証拠や動かし得ない客観的事実による裏付けの有無、「秘密の暴露」の有無、矛盾・変転の有無・程度、特に、重要な点での変遷の有無などに照らし客観的に判断されなければならない。

7　証拠開示の重要性

国賠判決が、重要な証拠を開示してこなかった確定審における検察官の行動を「違法」と断じたことの意味は大きい。

この点について、従前検察官は、以下のような基本的立場に立っていた。すなわち、現行法は当事者主義の訴訟構造を採っており、そうである以上、一方当事者である検察官は、訴因事実を立証するのに必要最小限の証拠の取調べ請求をしてこれを開示すれば足り、それ以外の証拠を開示する義務は一切ない、というのである。

証拠開示に関する現行刑訴法上の規定が極めて不備であることは、第4回松川事件でも述べた。その結果、検察官が「開示すれば被告人が無罪となるような重要な物証」を抱え込むことがあり、これが冤罪発生の重要な原因となってきた（松川事件における「諏訪メモ」がその典型である）。しかし、これはどう考えても不合理である。国賠一審判決が、本件における検察官の証拠隠しを違法と断じた意味は極めて大きいというべきである。

8　冤罪犠牲者の会

桜井さんと杉山さんが、在監二九年にして仮釈放を得て社会に復帰し、それぞれよき配偶者を得て円満な家庭を築くこともできたのは、せめてもの救いである。そして、特に桜井さんは、再審無罪判決確定後、国家賠償請求訴訟を提起して、一定の限度ではあるが国と県の双方に対し勝訴判決も得た。ただ、桜井さんは、これに満足せず、自分の過酷な体験を無にしたくないとの気持ちから、二〇一九（平成三一）年三月に自ら発起人となって「冤罪犠牲者の会」を立ち上げた。桜井さんは、その後も冤罪阻止に向けて積極的な社会活動を続けていたが、二〇二三（令和五）年八月、多くの人に惜しまれながら直腸がんのためこの世を去った。七六歳であった。

◆第17回

唯一の物的証拠である陰毛をすり替えた
——鹿児島の夫婦殺し事件

【事件発生：一九六九（昭和四四）年一月一五日】
・鹿児島地判昭和五一年三月二二日刑集三六巻一号一三五頁（懲役一二年）
・福岡高宮崎支判昭和五五年三月四日刑集三六巻一号一五九頁（控訴棄却）
・最一小判昭和五七年一月二八日刑集三六巻一号六七頁（破棄、差戻し）
・福岡高判昭和六一年四月二八日判時一二〇一号三頁（無罪）

最高裁判所は、夫婦殺し事件について被告人を有罪と認めた控訴審判決に事実誤認の疑いがあるとして破棄・差戻しの判決をした。破棄の理由は、唯一の物的証拠（被害者の陰部から採取されたという陰毛）が警察によってすり替えられた疑いがあるという衝撃的なものだった。

1　どのような事件だったのか

本件は、一九六九（昭和四四）年一月一五日に、鹿児島県鹿屋市内の農村において、老夫婦（夫Aと妻B）が何者かによって惨殺された事件である。捜査に当たった鹿屋警察は、事件後不審な言動をしていたFさんを軽微な別件（月賦の未払いを詐欺ないし準詐欺として立件）で逮捕・勾留し、本件について厳しい取調べを行った。いわゆる別件逮捕・勾留である。しかし、Fさんは容易に自白しなかったため、検察官はFさんをこれら別件で起訴した上、起訴後の勾留を利用してさらに本件について追及した。それでもFさんは頑張ったが、別件による逮捕後二か月半の時点で一部不利益事実を承認し、間もなく全面自白に落ちた。そこで警察は、改めて本件につきFさんを逮捕・勾留の上取り調べ、自白調書の作成に成功した。

その上で、検察官は、Fさんを「老夫婦A・Bを殺害した」という殺人罪で起訴した。

2 裁判はどのように進行したのか

Fさんの自白は、「当夜、友人である被害者A方を訪ねたが、Aが不在であったため、Aの妻Bと情交を持とうとして同衾した。そこにAが帰宅したので、当初はBと共同してAを殴り殺したが、その後犯行の発覚を恐れてBをも殺害してしまった」という趣旨のものである。

しかし、この自白を支える物証はほとんどなく、唯一の物証とされるものが、Bの陰部から採取されたという陰毛三本（以下「証拠陰毛」）のうちの一本（甲の毛）であった。科学警察研究所（以下「科警研」）の鑑定によると、甲の毛は、対比鑑定用としてFさんから提出させた陰毛二三本（以下「提出陰毛」）と「捻転屈曲が類似」するので、「甲の毛はFさんに由来すると認められる」とされていたのである（当時は、DNA型鑑定が実用化されていなかった）。もしこの鑑定が正しいとすると、Fさんの自白は、少なくとも、「当夜Bと同衾した」という限度で物的証拠の裏付けがあることになる。

公判では、自白の任意性・信用性が争われると同時に、この陰毛の証拠価値が争点となった。特に問題となったのは、捜査官がＦさんから対比鑑定のために提出させた提出陰毛二三本のうち五本が所在不明になっていたことである。弁護人は、当然、この五本のうちの一本が、甲の毛とすり替わったのではないかと主張した。すると、その後検察官は、「五本の陰毛を発見した」と主張して新たに毛髪五本を証拠として提出した（以下「新提出陰毛」）。しかし、裁判所が新提出陰毛五本を鑑定してみると、なんとそれは陰毛ではなく「頭毛」であると判明したのである。

それにもかかわらず、一・二審裁判所は、捜査官が、「甲の毛を含む証拠陰毛は、Ｆさんが提出した陰毛二三本とは別に保管していたから、両者が混同したりすり替わったりすることはあり得ない」という証言を盲信して、甲の毛の証拠価値に疑問はないとし、これを有力な補強証拠としてＦさんを有罪と認めた（懲役一二年）。

Ｆさんの上告を受けた最高裁判所は、以上の経過を前提として、「鑑定の資料とされたものが、現実にＢの陰部から採取されたものではないのではないかという疑問」が未だに払拭されていないと判示した。これは、控え目な表現ながら、捜査官による有力な物証（甲の毛）のすり替え・混同の疑いを指摘したものである。

上告審判決では、他にもいくつもの疑問が指摘され、結局、Ｆさんに対する二審の有罪判決は破棄され、控訴審に差し戻された。

差戻審である福岡高裁は、さらに審理の結果、被告人に対し無罪判決を言い渡した。その後、Ｆさんは国家賠償請求訴訟を提起して勝訴判決を得たが、その判決当日、Ｆさんはすでに鬼籍に入っていた。

3　何が問題なのか

ここまでの説明を読まれた方は、一・二審裁判所が、甲の毛がすり替えられたのではないかという疑問を無視してFさんに有罪判決をしたのはなぜか、と疑問に思われるに違いない。自白の補強証拠とされる唯一の物証である甲の毛に関する証拠上の疑問を、下級審はどのように考えたのだろうか。原判決によると、証拠物の管理責任者であった警察官が「甲の毛を含む物証は厳格に管理しており、それが被告人からの提出陰毛二三本と混同することは絶対にない」という趣旨の証言をしており、この証言の信用性を疑問とする余地はない、とされている。裁判官は、この証言を信用したのである。

しかし、この考え方は、まさに「宣誓神話」（第5回二俣事件参照）に毒されたものというほかない。前にも述べたとおり、捜査官も一人の人間である以上、適切な証拠が獲得できない場合に、物証に対し作為してでも、自分が有罪だと信ずる被疑者を有罪にしたいと考えることは、人間の心理としては十分あり得ることである。それだけではない。本件では、Fさんの提出陰毛二三本のうち五本が所在不明になっていた。しかも、後刻「発見された」として提出された新提出陰毛五本が、鑑定の結果、陰毛でなく頭毛であったということまで判明していたのである。このような事情がある以上、甲の毛と提出陰毛の一部がすり替わったのではないかと疑うのは、極めて常識的な判断ではないか。それなのに、下級審裁判官が、右に述べたような判断をしたのは、以下のような特異な論理に基づくと考えるほかない。

それは、「捜査官が証拠物に対する作為などするはずがない。現に証拠物管理の責任者は、証拠物はそれぞれ別途厳格に保管していて、両者が混同したりすり替わったりすることはあり得ないと証言しているではないか。捜査官が偽証罪の処罰を覚悟してそのような虚偽証言をするとは考えられない」というものである。

しかし、そのような論理がいかに不合理であるかは、二俣事件（第5回）で詳しく述べた。裁判所がこのような誤った宣誓神話と「捜査官に対する信頼の原則」に基づいて判断している限り、無実の人が不当に処罰される悲劇は、未来永劫になくならないであろう。

4　別件逮捕・勾留の問題は積み残された

本件については、「当初の別件逮捕・勾留及びその後の起訴後勾留を利用した長期間にわたる本件の取調べは違法ではないか。したがって、このような違法な手続を利用して採取されたFさんの自白調書の証拠能力はないのではないか」という重大な問題があった。別件逮捕・勾留の問題は、多くの冤罪事件に必ずといってよいほど頻繁に登場する問題であるが、この点について、これまでの最高裁判例は、実質的に意味のある判断を示していなかった。

本判決は、本件における右のような捜査経過を前提として、「自白調書の証拠能力にも問題がないわけではない」と判示したが、「少なくともその信用性については慎重に検討する必要がある」と指摘するに止め、最終的判断を示さなかった。その点では、仁保事件をはじめとする多くの前例と同様、この論点を実質上素通りしたといわれてもやむを得ない。これは担当調査官であった筆者の力量不足の故であるが、その後、この問題が相変わらず冤罪の原因になっている実情を見るにつけ、「なぜもうひと頑張りして、この論点についても明確な判例形成を目指さなかったのか」と、今になって切歯扼腕している。

◆ 第18回

一旦不起訴にした被告人を四年後に再逮捕し事実を歪曲した新証拠を作成して無理やり起訴した
——甲山（かぶとやま）事件

【事件発生：一九七四（昭和四九）年三月一九日】
・神戸地判昭和六〇年一〇月一七日判時一一七九号二八頁（無罪）
・大阪高判平成二年三月二三日判時一三五四号二六頁（破棄、差戻し）
・最三小決平成四年四月七日集刑二六〇号一九七頁（上告棄却）
・神戸地判平成一〇年三月二四日判時一六四三号三頁（無罪）
・大阪高判平成一一年九月二九日判時一七一二号三頁（控訴棄却）

本件の捜査・審理の経過の概略を簡単に示すと、以下のとおりである。

逮捕・勾留→処分保留釈放→不起訴処分→再逮捕・再勾留→勾留延長請求却下→起訴→無罪判決①（神戸地裁）→検察官控訴→破棄差戻し（大阪高裁）→被告人上告→棄却（最高裁）→無罪判決②（神戸地裁）→検察官控訴→棄却（大阪高裁）→検察官上告せず（無罪判決確定）

他方、検察官は、その間に、被告人のアリバイを証言した上司・同僚を偽証罪で逮捕・勾留して起訴するなどもしており、本件の捜査・公判は終始異例ずくめだった。最終的には、偽証罪の被告人を含め全員の無罪判決が確定したが、四半世紀に及ぶ裁判闘争により、被告人の人生はもみくちゃにされた。

1　どのような事件だったのか

一九七四（昭和四九）年三月一七日と一九日、兵庫県西宮市内の知的障がい者施設（甲山学園）で、園児二人（M子さんとS男君、ともに一二歳）が一日の間隔をおいて失踪し、その死体が、園内のトイレ浄化槽内から発見された。すると、警察は、これを事故ではなく殺人事件と決めつけて捜査を遂げ、当時二二歳の保育士であった山田（当時の旧姓「沢崎」）悦子さんを殺人事件の犯人として逮捕・勾留した。検察官は、証拠不十分として一旦は悦子さんを釈放し不起訴としたが、死体発見から四年後、再逮捕・再勾留に踏み切って起訴した。悦子さんに対しては、前記のとおり最終的には無罪判決が確定したが、その間に実に二五年という年月が経過していた。

2　捜査はどのように行われたのか

園児二人の遺体が見つかった浄化槽のマンホールには、一七キログラムのコンクリート製蓋がかぶせてあったことから、警察は、園児がこれを持ち上げることは不可能と断定し、「本件は事故ではなく殺人事件」「しかも犯人は内部にいる」という見込み（内部犯行説）の下に捜査を遂げた。

園児や職員を取り調べた結果、当局は、悦子さんに対する嫌疑を深め、S君に対する殺人の嫌疑で、悦子さんを逮捕・勾留して追及した。悦子さんは、身に覚えがないことから否認したが、「父親も悦子がやったのではないかと疑っている」などと言われて一時虚偽自白に落ちる。自白は、「自分が当直の一七日にM子が浄化槽に落ちるのを目撃し、慌てて蓋をしてしまった。後日、自分の当直の日にM子がいなくなったことの責任を追及されるのを恐れてS君を連れ出し、浄化槽に転落させて殺害した」というものだった。

しかし、この自白は、要するに、「自分の当直日に起こったM子転落事故の管理責任を追及されるのを恐れて、S君を殺害した」ということに帰するもので、常識では容易に理解できない。しかも、物的な裏付け証拠がなく、犯行時間帯と想定された「一九日午後八時前後」には、悦子さんが管理棟事務室にいたという明白なアリバイもあった。そのため、悦子さんは、勾留満期とともに処分保留のまま釈放された。

ところが、釈放後の悦子さんが、「身に覚えのない嫌疑で過酷な取調べを受けた」として、やはり不当な取調べを受けた他の職員（N氏ら）とともに国家賠償請求訴訟を提起したことから、情勢は混沌化する。

翌年（釈放から約一年半後）、検察官が悦子さんに対し不起訴処分をすると、被害者の遺族はこれを不服として検察審査会に審査の申立てをし、その結果、審査会は「不起訴不当」の議決をした。すると、検察官はこれを契機に再捜査を開始し、園児から「悦子先生がS君を連れ出すのを見た」などとする新供述を得る。そして、事件の四年後である一九七八（昭和五三）年二月末に悦子さんを再逮捕し、勾留の延長請求は却下されたものの、同年三月九日、「S君を殺害した」という殺人罪で悦子さんを起訴するに至ったのである。

3　裁判はどのように進行したのか

第一審の神戸地裁は、一九八五（昭和六〇）年一〇月、悦子さんに無罪を言い渡した。これに対し、検察官が控訴を申し立てると、大阪高裁は、「破棄差戻し」の判決をし、この判決に対する上告が棄却されたため、事件は再び第一審の神戸地裁で審理された。

神戸地裁は、一九九八（平成一〇）年三月、再び無罪判決を言い渡したが、検察官は、これに対しまたも控訴を申し立てたのである。この控訴は、その一年半後（一九九九〈平成一一〉年九月）に棄却され、さすがの検察も上告をあきらめたため、事件はようやくにして落着した。しかし、その間には、先に述べたとおり、四半世紀という長年月が経過していた。事件発生当時二二歳であった悦子さんは、五〇歳に近い中年に達していたのである。

他方、甲山学園の園長であった荒木氏及び職員一人は、悦子さんが提起した国家賠償請求訴訟で悦子さんに有利なアリバイ証言をしたことから、検察官により逮捕・勾留された上偽証罪で起訴されていた。しかし、この二人に対しても、悦子さんに対する無罪判決にやや遅れて二度目の無罪判決が言い渡され、偽証事件も落着した。

4　何が問題だったのか

本件については、問題とされるべき警察・検察の行動が多数あるが、以下においては、そのうち特に重大な八点に絞って説明し、悦子さんの身に起こった悲劇の原因を探ることとする。

（1）「事故ではなく（殺人）事件である」という誤った決めつけ

甲山学園は、兵庫県西宮市の甲山山麓にある社会福祉法人経営の知的障がい児養護施設で、当時男女四七人の園児が収容されていた（園児といっても、最高年齢者は二四歳）。園児の遺体が発見された浄化槽のマンホール上には、先に述べたように、重さ約一七キログラムのコンクリート蓋が置かれていた。そのため、警察は、当初から「園児遊戯中の事故」の可能性を度外視し、本件を「内部犯行」それも「職員による殺人事件」と見て犯人探しに奔走した。

しかし、「園児」といっても、中には年長者もいたので、「園児はコンクリート蓋を持ち上げられない」というのは、警察の誤った思い込みに過ぎなかった。また、後刻明らかになったことであるが、捜査初期の段階ですでに、マンホール内から、歯ブラシ、下着、くつ下、鉄のボルト、爪切り、鍵等多数の物が発見されていた。これらは、園児がマンホールの蓋を開けて遊んでいた事実を推測させる事実である。しかし警察は、前記のとおり、誤った思い込みによって、これらの事実を完全に無視してしまった。

（2）あまりにも短絡的な見立て「悦子さん犯人説」

悦子さんは、三月二二日の学園葬の際、あまりの悲しみに泣き崩れるなど取り乱してしまった。すると、それを見た警察は、かねて「内部犯行」「職員犯行」説をとっていたことから、短絡的に悦子さん犯人説を組み立てた上、以後は、悦子さんの犯行を裏付ける証拠を作り出すことに奔走し、この見立てに固執した。

（3）検察審査会の議決を利用した再逮捕・再勾留

第一次捜査の結果、悦子さんに対する捜査が行き詰まり、不起訴とせざるを得なかったことは、検察の面目を失墜させた。検察がいかに苦渋の決断をしたかは、処分保留で悦子さんを釈放したのち、不起訴処分をするまでに、実に一年半の長期間を要している点からも想像できる。不起訴処分後も、検察官は、何とかして悦子さんを起訴したいと機会をうかがっていたと思われる。

そして、それに絶好の口実を与えたのが検察審査会の議決であった。すでに紹介した徳島ラジオ商殺し事件（第12回）では、検察官は、「弁護人が告訴した真犯人」について、検察審査会が起訴相当の議決をしても、これを平然と無視する態度を貫いた。ところが、悦子さんに対する不起訴処分について検察審査会が「不起訴不当」の議決をすると、この議決に飛びついて、公然と再捜査に乗り出したのである（第二次捜査）。

検察官は、検察審査会を、自分の都合のよいように利用したといわれてもやむを得ない。

（4）第二次捜査でした園児に対する無理な供述操作

悦子さんを釈放した後も、警察は、「悦子さん犯人説」に基づき何とかして悦子さんを起訴に持ち込みたいとして捜査を続けていたが、釈放の一年半後に検察は不起訴処分をした。その後、検察審査会の議決を契機として警察・検察は捜査を再開したが、不起訴処分の約二年後には、園児C女から、「五人で浄化槽の上で遊んでいるとき、M子がマンホールに落ちた」という新供述を得ていた（のちに、C女は、マンホールの鉄蓋を開けてM子を転落させたのは自分であるとまで認めた）。

ところが警察は、この新供述を無視してさらに捜査を続け、遂に、年長の元園児A男から「悦子先生がS男君を外へ連れ出すのを見た」という新供述（目撃供述）を得る。その上で、警察は、この新供述を根拠に、悦子さんの再逮捕に踏み切ったのである。しかし、このA男の供述は、第一次捜査当時にはまったくされておらず、それから長年月を経過した段階でされたことについて、合理的説明ができなかった。これは、警察による無理な供述操作によるものと考えるほかない。

（5）「完全なアリバイ」をつぶすための事実の歪曲・ねつ造

しかし、証拠ねつ造の最大のものは、第二次捜査の段階で行われたアリバイ潰しである。第一次捜査の際、検察官が悦子さんを起訴に持ち込めなかった最大の理由は、三月一九日当夜の犯行時間帯に、悦子さんの明確なアリバイがあったことである。

すなわち、当日、悦子さんは、N氏とともに、学園外でM子の捜索活動に従事した後、午後七時半ころ本部棟に帰還した。このこと自体は明らかで否定しようがない。他方、S男君は、午後七時には生存が確認されていたが、午後八時二、三分頃、職員が同児の不在に気づき、捜索が開始されていた。そして、悦子さんが、S男君失踪を職員から知らされたのは、午後八時二〇分頃であった。したがって、仮に悦子さんがS男を連れ出した犯人であるとすれば、犯行が可能な時間帯は、「午後七時半頃から同八時一五分頃まで」しかあり得ない。しかし、午後七時半頃本部棟に帰った悦子さんは、その後午後八時一五分頃に荒木園長が外出するまで、同園長ほかNさん、若葉寮指導員Tさんなどと一緒に過ごし、その間、何本も外部との電話に出たりもしていた。以上のことについては、関係者の供述がほぼ完全に一致していた。そうなると、捜査機関が「午後八時過ぎ」と想定したS男君殺害を悦子さんが実行することは、絶対に不可能である。すなわち、悦子さんには完全なアリバイが成立していたのである。

ところが、悦子さんを犯人であると信じる捜査官は、第二次捜査で悦子さんを再逮捕した後、「全ての電話が八時前には終わり、荒木園長は午後八時には本部棟を出発した。したがって、午後八時から同一五分までの時間帯について悦子さんにはアリバイがない」という筋書きを作り上げた。そして、これに基づき、電話の順序を入れ替えたり、長さを短縮したりして、無理やり、午後八時には荒木園長が出発したことにしてしまった。当時の電話機は、現在のように、履歴が残るものでなかったから、このような人為的な操作が可能であったのである。

（6）民事事件で悦子さんに有利なアリバイ証言をした荒木園長ほか一人を偽証罪で逮捕・勾留の上起訴

しかし、「荒木園長が午後八時一五分頃外出した」という事実は、複数の者の供述が完全に一致していて、容易に崩れそうもなかった。なぜなら、荒木園長の外出は、次のような経緯でされたからである。すなわち、荒木園長の外出は、N氏がボランティア団体のI氏に対し、M子捜索のための写真の焼き増しを頼んだところから、そのボランティア団体まで車でM子の写真を届けるためのものであった。そして、I氏との待ち合わせの時刻は、「ちょうど今が午後八時一五分である」と相互に確認した上で「午後八時四五分」と決めたとされていた。

荒木園長もTさんも、以上の事実を捜査官に対し供述しただけでなく、悦子さんが起した民事の国家賠償請求事件でも同じ証言をした。すると、検察官は、これを「虚偽のアリバイ立証で偽証である」として、二人を逮捕・勾留の上起訴してしまったのである。

　徳島ラジオ商殺し事件（第12回）で、二人の少年が、警察に対し「自分はS子さんの裁判では嘘の証言をしてしまった。S子さんは無実だ」と自首して出たが、検察官は頑として起訴しなかったことを思い出していただきたい。ラジオ商殺し事件で、検察官が証人を起訴しなかったのは、もし少年らを起訴して有罪判決が言い渡された場合、それは、S子さんに対する有罪判決が再審裁判によって取り消される原因になってしまうからである（刑訴法四三五条二号）。これに対し、検察官が、本件で荒木園長らを偽証罪で起訴したのは、荒木園長らの証言が嘘であると裁判所に認めさせれば、悦子さんに対する有罪判決が可能になるからである。検察は、ことほど左様に、自分が起訴した被告を有罪に持ち込むことにばかり汲々としていて、到底、「公益の代表者」としての役割を果たしているとはいえない。

　なお、N氏が逮捕・勾留されなかったのは、N氏が悦子さんらとともに、自ら国家賠償請求訴訟の原告であったためである。刑法一六九条は、「宣誓した証人」が虚偽の陳述をした場合を偽証罪として処罰しているが、N氏は、たまたま民事事件の原告であったため「宣誓した証人」には当たらなかったのだが、もし原告でなかったならば、N氏も起訴されたはずである。

（7）　地裁の二度にわたる無罪判決に対し二度とも検察官控訴

検察官は、神戸地裁の二度の無罪判決に二度とも控訴を申し立てた。刑訴法上検察官には上訴権が与えられており、最高裁の判例によると、検察官の上訴は、憲法三九条が禁止する「二重の危険」には当たらないとされている。したがって、本件における検察官の控訴を直ちに違法であると言うことはできない。

しかし、本件のように、逮捕・勾留→不起訴→再捜査→再逮捕・再勾留→起訴→無罪判決→控訴・破棄差戻し→上告棄却→再度の無罪判決という複雑で長期間を要した事件について、検察官が二度目の無罪判決に対し控訴することまで許されるのか、真剣に議論されなければならない。

本件における検察官は、警察の捜査の行き過ぎをチェックするどころか、自ら常識に反する無茶な見込み捜査を遂げ、起訴後は有罪判決を得ることだけを目標として「暴走した」というほかない。検察の訴訟追行は、あくまで公正な捜査活動・公判活動に基づくものでなければならない。「一旦起訴した以上何が何でも有罪判決に持ち込むのだ」というような態度は、絶対に許されてはならない。

(8) 裁判所の責任

他方、本件において、全体としての裁判所は、かなり健闘したといえる。特に、第一次控訴審裁判所が第一審の無罪判決を破棄した後、差戻しを受けた第二次第一審裁判所が再び無罪の結論を示したのは、見識ある行動というべきであろう。このような場合、多くの裁判官は、上級審で有罪の結論が示唆されると、証拠を深く検討しないまま、上級審の判断にそのまま盲従してしまう傾向があるが、神戸地裁は、新たな証拠調べを行って差戻判決の拘束力から解放された上、詳細で説得的な証拠説明によって無罪の理由を明示した。判決文は、B五判四段組みの「判例時報」誌で実に一四〇頁にも達し、徳島ラジオ商殺し事件(第12回)の再審開始決定と比べても遜色のない大判決である。そして、第二次控訴審裁判所も検察官の控訴を棄却したため、本件では、有罪判決がついに一度も宣告されなかった。

　また、悦子さんに対する身柄拘束は、第一次捜査と第二次捜査の初期に比較的短期間されただけで起訴後の勾留はなく、公判自体が二五年の長期に及んだ割には、身柄拘束期間は比較的短期で済んだ。これは「不幸中の幸い」というほかない。

　その中にあって、第一次控訴審裁判所は、第一審の無罪判決を余りにも簡単に破棄してしまったのではないか。本件の訴訟経過は、検察官控訴のあり方とともに、裁判所の無罪判決審査の基準に再考を迫るものではないかと思われる。

　なお、被告人の悦子さんは、二五年にわたる裁判闘争中、一度も有罪判決を受けたことがない。調査してみると、第二次無罪判決をした吉田昭裁判長は、最高裁の財田川決定により取り消された原原審決定に関与しており、第二次控訴審で検察官控訴を棄却した河上元康裁判長は、免田事件再審無罪判決の裁判長であった。悦子さんは、冤罪のおそろしさを知る裁判官に当たったという意味で、世にも稀な「幸運な冤罪者」であったということができる。

◆ 第19回

強奪した手提げ金庫の投棄場所を指示させた引当捜査報告書において、帰路に撮影した写真をあたかも往路に撮影したものとして添付した
——日野町事件

【事件発生：一九八四（昭和五九）年一二月二九日ころ】
・大津地判平成七年六月三〇日判時一五八〇号四七頁（無期懲役）①
・大阪高判平成九年五月三〇日（控訴棄却）②
・最三小決平成一二年九月二七日（上告棄却）③
［第一次再審請求］
・大津地決平成一八年三月二七日（再審請求棄却）④
・大阪高決平成二三年三月三〇日（訴訟終了）⑤
［第二次再審請求］
・大津地決平成三〇年七月一一日判時二三八九号三八頁（再審開始）⑥
・大阪高決令和五年二月二七日判時二五六一・二五六二合併号五頁（即時抗告棄却）⑦
（検察官特別抗告）

本書では、最終的に無罪が確定した事件だけを扱ってきた（唯一の例外が、第10回で紹介した白鳥事件である）。それは、冤罪と違法捜査の関係を明らかにするためには、冤罪であることが裁判上確定していることが望ましいと考えたからである。

ところで、本件については、再審開始決定に対する検察官の即時抗告は棄却されたものの、検察官がさらに特別抗告したため、未だ、裁判所の無罪判断が確定している訳ではない。しかし、確定一・二審判決（①②）と第二次再審請求段階の二つの決定（⑥⑦）を併せ読む限り、本件は冤罪の疑いが極めて強いと思われる。また、違法捜査が行われたこと自体も明らかである。そこで、異例ではあるが、この事件を加えることとした。

1　どのような事件だったのか

一九八四（昭和五九）年一二月二八日夜以降、滋賀県日野町所在の酒店の女性店主A子さん（当時六九歳）の所在が不明になり、翌六〇年一月一八日にその遺体が同町宅地分譲地の草むらから発見された。そして、それから三月以上経過した四月二八日に、同町内の山中でA子さん所有の手提げ金庫が破壊された状態で発見された。捜査当局は、A子さんに対する強盗殺人事件とみて捜査を本格化させた。

2　捜査はどのように行われたのか

捜査は難航した。警察は、A子さん経営の酒店に客として出入りしていたSさんが怪しいと目星をつけ、事件から約九か月後、Sさんを警察に任意同行の上取り調べた。しかし、警察がSさんを怪しいと睨んだ根拠は、「壺入り客」でありながら、「通夜・葬儀に参列しなかった」という程度のことである。

ところが警察は、その際に得たSさんの指紋が、被害者方六畳間の小机引き出し内にあった丸形両面鏡（以下「丸鏡」）から採取された指紋と一致したことから、Sさんへの嫌疑をますます深めた。

事件から三年以上経過した一九八八（昭和六三）年三月、警察がＳさんを任意同行の上三日連続で長時間の取調べを行ったところ、ＳさんはＡ子さんを殺害して金庫を奪った事実を認めた。警察は、Ｓさんを当夜一旦帰宅させたが、翌一二日の取調べでＳさんが前日の自白を維持したため、同日遅くＳさんを逮捕した。Ｓさんは、捜査機関に対しその後も自白を維持した。また、「Ｓさんに、Ａ子さんを殺害した場所及び金庫を捨てた場所を現地で指示させたところ、Ｓさんが、現実に遺体や金庫が発見された場所を指示することができた」とする捜査報告書も作成された。

これらの証拠を重視した検察官は、Ｓさんを強盗殺人罪で起訴するに至った。

3　確定審の裁判はどのように進行したのか

Ｓさんは、公判廷で「身に覚えがない」として事実を完全否認した。「一二月二八日当夜についてはアリバイがある。自白は警察に強要された虚偽のものである」というのである。

第一審裁判所は、Ｓさんの自白調書についてその任意性を認めたが、種々の変遷や証拠と合わない点があることから信用性を否定した。しかし、第一審裁判所は、自白以外の情況証拠だけでＳさんの有罪が認定できると考え、審理の最終段階において、検察官に「犯行日時・場所に幅を持たせた新しい訴因の追加」を示唆し、判決においては、この新しい訴因に基づき強盗殺人罪の成立を認め、無期懲役刑を言い渡した。Ｓさんは控訴した。

控訴審裁判所は、第一審と異なり「情況証拠だけではＳさんを有罪と認めることはできない」とした。しかし他方、控訴審裁判所は、第一審と異なり、Ｓさんの自白は、種々の変遷などはあるがその「根幹部分」は信用できるとして、一審の有罪判決を維持したのである。Sさんの上告も棄却された。

かくして、Sさんに対しては、無期懲役判決が確定した。

4　再審の裁判はどのように進行したのか

Sさんは、獄中から再審の申立てをしたが、大津地裁は、約四年半の審理の後これを棄却した。Sさんは即時抗告を申し立てたが、五年後病気が悪化して死亡した。そのため裁判所は、「終了宣言」によって審理を終了させた。

その一年後（二〇一二〈平成二四〉年三月）、Sさんの遺族（妻と長男）が改めて再審を申し立てた。そして、大津地裁は、六年を超える審理の後、二〇一八（平成三〇）年七月、再審開始の決定をした。この再審開始決定に対する検察官の即時抗告が棄却されたものの、検察官の特別抗告によって未だ最高裁に係属中であることは冒頭で述べたとおりである。

5　確定審の審理の何が問題だったのか

そもそも本件については、Sさんと犯行を結び付ける客観的証拠が極めて乏しく、Sさんを逮捕したのも、犯行から三年以上経過した後であった。Sさんは捜査段階において最終的に自白したが、その自白は重要な点で変遷し証拠と矛盾する点があって、確定第一審ではその信用性が否定された。

検察側が重視した最大の証拠は、店内にあった丸鏡からSさんの指紋が三個検出されたことであった。しかし、Sさんは、店でお酒を買ってそのまま店内で飲むいわゆる「壺入り客」で、以前A子さんに鏡を貸してもらって使ったことがあると弁解していた。そのため、この指紋は決定的な意味を持ち得ないはずであった。

他方、裁判所の心証形成上大きな意味を持ったと思われるものに、Sさんが、手提げ金庫を捨てた場所に捜査官を案内できたことを示す引当捜査報告書があった。しかし、この場所は、捜査官がすでに知っていたのであるから、捜査官からの意識的・無意識的示唆があれば、Sさんが犯人でなくてもその場所を指摘することができる。要するに、これは、自白を離れて独自の意味を持つ「秘密の暴露」ではなかったのである。しかもその自白は、確定判決等も認めるように、変遷や他の証拠との矛盾をはらみ信用性に疑問を抱かざるを得ないものであった。

このように、本件は、確定審段階で提出された証拠だけからでも、有罪認定をするのに大きな問題のある事案であったのである（その上、控訴審判決には、奪われた金庫を他の金庫と取り違えるなど、信じられない初歩的誤りもあった）。

6　どのような違法捜査が行われたのか

重要な違法捜査として以下の二点を指摘する。

その一は、5記載の引当捜査報告書の写真に関する作為である。第二次再審請求審の審理において、検察官から開示された写真ネガによると、この報告書に「往路におけるSさんの指示」とされている写真が、実は「帰路において撮影されたもの」であることが明らかになった。この報告書は、金庫投棄場所をSさんが指示することができたことを示すもので、一見すると、Sさんの有罪を強く推認させるもののようにも思われた。当然のことながら、確定判決等もこれを重視している。しかし、その引当捜査報告書は、帰路に撮影したＳさんの指示写真を往路に撮影したものとして添付しており、その結果、Ｓさんが金庫を捨てた場所に皆を案内できたように思い込ませる可能性のあるものであった。

その二は、Ｓさんに対する取調べの方法である。Ｓさんは、確定審以来、取調警察官から「否認していると、警察官から頬や頭を殴られたほか、『娘の嫁入り先に行ってガタガタにしたるで』『日野町を火の海にする』などと脅された」という弁解をしていた。他方、警察官は、「殴ったことはないしそんなことを言ったこともない」と証言し、裁判所は、この証言を信用して暴行・脅迫の事実を否定した。裁判所は、「警察官がそんなできもしないことを言うはずがない」として脅迫を否定するのであるが、これは、「全く根拠のない思い込み」に過ぎない。取調べ状況が可視化されていない状況では、被疑者を自白させようとする警察官は、一見できそうもないことでも平然と申し向けて被疑者を脅迫することがある。裁判所は、捜査官の証言を盲信するあまり（これは、まさしく「宣誓神話の盲信」である。第5回二俣事件参照）、被告人（Ｓさん）の「血の叫び」を平然と無視したのである。

他方、再審開始決定は、新旧証拠を総合すれば、取調官に暴行・脅迫を受けたとするＳさんの供述は裏付けられているとした。そして、Ｓさんの自白の根幹部分が信用できるとした控訴審判決の認定にも異論を唱え、自白の任意性を肯定した確定判決等の判断は大きく動揺しているとしたのである。まことに説得的である。

◆
第20回

「凶器の柄に巻き付けていたはずの布切れ」に血がついていないのでそれを焼却したことにし、実際はその布切れを隠匿保管していた
——松橋（まつばせ）事件

【事件発生：一九八五（昭和六〇）年一月六日】
・熊本地判昭和六一年一二月二二日（懲役一三年）
・福岡高判昭和六三年六月二一日（控訴棄却）
・最一小決平成二年一月二六日（上告棄却）
〔再審請求〕
・熊本地決平成二八年六月三〇日判時二三六八号九七頁（再審開始）
・福岡高決平成二九年一一月二九日判時二三六八号八七頁（抗告棄却）
・最二小決平成三〇年一〇月一〇日（特別抗告棄却）
・熊本地判平成三一年三月二八日判時二四八一号九三頁（無罪）

本件は、警察が被疑者に虚偽自白させただけでなく、その自白と矛盾する重要な物証を隠匿してしまったというとんでもない事件である。

1　どのような事件だったのか

一九八五（昭和六〇）年一月八日朝、熊本県松橋町のＶさんの自宅で、Ｖさんの死体が発見された。

死体は「頚部付近を刃物でめった刺し」にされていたので、Vさんが何者かに殺害されたことは明らかであった。

2　捜査はどのように行われたのか

死亡時期は二日前の一月六日午前零時過ぎ以降と推定された。警察は、Mさんが前夜共通の友人A夫妻とともにA方で飲酒した際、Vさんと激しく口論した事実を突き止め、Mさんに対する嫌疑を深めた。警察がMさんを「任意同行」に名を借りて警察に連行しその点を追及すると、当初否認していたMさんが次第に事実を認め始め、長時間の取調べの後最終的には全面的に自白するに至った。

自白によると、Mさんは、かねてVさんに対し反感を抱いていたが、当夜同人と激しく口論したことなどから憤激の念を強め、一旦帰宅した後、刃体の長さ約一一センチメートルの切出し小刀を持ち出してV方に赴き、こたつに座っていたVさんの頚部、顔面など一三か所を一〇数回突き刺したということになっている。しかし、使用したとされる小刀やその柄には血液が付着していなかった。

そこで取調官は、Mさんをさらに厳しく追及した上、この点について、「柄に血液が付着するのを防ぐため、自宅室内にあった古いシャツの布切れを切り取って小刀の柄と刃の接合部分に巻き付けていた。刃の部分は、帰宅後砥石で研いだ。布切れは、後刻、自宅の風呂釜で燃やした」という自白調書を作成した。

3　裁判はどのように進行したのか

Ｍさんは、公判において犯行を否認して争おうとしたが、国選弁護人から「本件で否認するのであれば、私選弁護人を選任してもらいたい」と言われ、第一回期日で起訴事実を認めてしまった。しかし、Ｍさんがその後の被告人質問で「自分は犯人ではない」と主張するに至ったため、当初の国選弁護人が解任され、新たに選任された国選弁護人が弁護に当たった。

しかしながら、Ｍさんの主張は認められず、一・二審の有罪判決に対する上告も棄却されて、懲役一三年の有罪判決が確定してしまった。

上告が棄却された後、上告審の国選弁護人であった斉藤誠弁護士は、Ｍさんの無実を確信して再審請求の決意を固め、有志弁護士を募って弁護団を結成し準備活動を始めた。そして、その準備活動の一環として、熊本地検に対し証拠の開示を求めたところ、同地検は、証拠書類の開示は拒否したものの、大量の証拠物を開示した。そして、弁護団は、それら証拠物の中に、Ｍさんが「小刀の柄に巻き付けて後刻焼却した」と自白していた布切れが現存する事実を発見した。

弁護団は、この布切れに加え、「Ｖの身体に残された創は、Ｍさんが自白する小刀によって作ることはできない」とする法医学者の鑑定書を新証拠として、再審を請求した。

第一審の熊本地裁が再審開始決定をし、この決定に対する検察官の不服申立ては高裁・最高裁でいずれも棄却された。再審公判で熊本地裁は、Ｍさんに無罪を言い渡し、これに対しては検察官も控訴せず、Ｍさんの無罪判決がようやく確定した。しかし、このとき、Ｍさんが逮捕されてから三四年が経過しており、認知症の進んだMさんは、判決の意味を十分理解できない状態であった。

4　違法捜査の内容はどのようなものだったのか

本件においてまず問題となるのは、捜査官がMさんに、「小刀で切りつけた際、小刀の柄に布切れを巻いていたが、この布切れは帰宅後燃やしてしまった」と虚偽自白させたことである。小さな小刀でVさんに切りつけて多数の創を負わせれば、当然、柄にも刀身にも血液が付着する。しかし、現実には小刀にそのような血液付着の事実がなかった。そこで、捜査官は、刀身と柄に血液付着の痕跡がないことを、「帰宅後刃の部分を研いだ」とか、「柄には布切れを巻き付けていた」と供述させることにより合理化しようとしたのである。

しかし、Mさんが柄の部分に巻き付けたと自白した布切れには、血液が付着していなかった。そのため捜査官は、これを「風呂釜で焼却した」と自白させることにより「現存しない」こととし、公判廷に提出することなく事実上隠匿してしまったのである。この点で、本件の違法捜査ははなはだ手が込んでいる。捜査官は、「Mさんが無実であることを知りながらあえて犯人として起訴した」ものとみられてもやむを得ない。

Mさんに対する警察の取調べには大きな問題があった。警察は、Mさんを警察に「任意同行」したことになっているが、それは「任意」に名を借りた「強制連行」であった。Mさんは、その後長時間にわたって厳しい取調べを受け、虚偽自白をさせられたのである。

本件について再審が開始されるきっかけになったのは、弁護人の証拠開示請求に対し、熊本地検が、再審請求前であるのに証拠物の開示に応じたことである。伝えられるところによると、これは、検察庁内部の手違いであって、本来開示されるはずではなかった由である。しかし、手違いがあったことによって、Mさんの冤罪が結果的に白日の下にさらされることになった。

本件は、証拠(特に証拠物)の開示がいかに大事であるかを実証する事例というべきであろう。もし、検察庁内部の手違いがなかったとすれば、Mさんは未だに名誉回復できずにいるはずである。

5 弁護人にはどのような問題があったのか

本件においては、三〇年以上経過した後とはいえ、ともかくMさんの名誉は回復された。しかし、Mさんの救済にこれほどの長期間がかかったのは、弁護人や裁判所の対応にも問題があったからである。

弁護人の問題は、公判で事実を否認しようとするMさんに対し、当初の国選弁護人がそれを押し止めたことである。捜査段階での自白に弁護人自身の目が曇らされていたのは重大問題である。第21回で紹介する足利事件でも同じ問題があった。弁護人が自白調書から有罪の心証を得て、事実を否認する被疑者の言い分に耳を傾けることなく、有罪を前提とする弁護活動をすることは、誠実義務の観点からも許されるはずがない。他方、上告審の国選弁護人が、上告棄却後、有志を募って再審弁護団を構成し再審無罪判決に導いた功績は甚大である。

6 裁判所にはどのような問題があったのか

確定審裁判所は、三審を通じてMさんを有罪と認めた。確定審段階では布切れの存在は明らかにされていなかったが、検察官が提出した旧証拠には、それ自体の中に重大な疑問ないし問題点があった。そもそもMさんの身辺からは、血痕付着の着衣等が全く発見されていない。刃体の長さが一〇センチメートル余りの小さな小刀でVさんの頸部付近をめった刺しにすれば、犯人も当然多くの血液を浴びるはずであるから、この点は簡単に見逃せる問題ではない。

また捜査官は、凶器に血液が付着していなかった点を、「柄に布切れを巻き付けた」という自白で合理化しようとした。しかし、布切れを切り取ったとされるシャツは自宅にあったので、Mさんは、「家を出る段階で刀身に布切れを巻き付けた」ことになる。しかし、憤激の余りV殺害を決意したというMさんが、自宅を出る前にこのような準備行為をしたという想定自体にも、常識的に考えて無理がある。これらの疑問を根拠に裁判所が真相の究明に努力すれば、Mさんを無罪とするまでに三四年もの長年月を要することはなかったのではないか。

第三章

平成の最初から現在まで

1989-

昭和が終わり平成に入ったのは、筆者にとってはつい最近のことのように思われる。多くの読者は、平成の世において、まさか、戦後の混乱期（第一章）のようなひどい捜査は行われていないと思うだろう。しかし、事態は決して楽観できるようなものではない。東電女性社員殺害事件では、重要な物的証拠が隠匿され、平野母子事件では、最も重要な物的証拠が捜査機関内部で所在不明になっている。また、志布志事件と大川原化工機事件のように、ありもしない犯罪事実自体をねつ造して立件・捜査して起訴するという新しいタイプの冤罪も出現した。志布志事件では、中世のキリシタン弾圧を思わせる「踏み字」が行われたし、郵便不正事件では、検察官自身が物的証拠をねつ造するという驚くべき事実まで発覚した。さらに、プレサンス元社長冤罪事件では、取調べが可視化されているのに、検察官が被疑者を恫喝して自白させようとした。違法捜査と冤罪の問題が容易に収束しそうにないのは、残念極まりないことである。

◆第21回

幼女誘拐殺人事件につき、開発途上のＤＮＡ型鑑定を盲信して、疑わしい点のない幼稚園バス運転手を強制連行し厳しく取り調べて虚偽自白させた
——足利事件

【事件発生：一九九〇（平成二）年五月一二日】
・宇都宮地判平成五年七月七日判タ八二〇号一七七頁（無期懲役）
・東京高判平成八年五月九日判時一五八五号一三六頁（控訴棄却）
・最二小決平成一二年七月一七日判時一七二六号一七七頁（上告棄却）
［再審請求］
・宇都宮地決平成二〇年二月一三日（再審請求棄却）
・東京高決平成二一年六月二三日判時二〇五七号一六八頁（取消し、再審開始）
・宇都宮地判平成二二年三月二六日判時二〇八四号一五七頁（無罪）

比較的最近の冤罪事件で一番有名なのは、なんといっても足利事件であろう。この事件の被告人は、捜査段階だけでなく公判廷でも当初自白していた。しかも、ＤＮＡ型鑑定という「決定的な物証」もあるとされ、誰もが被告人が犯人であることを疑わなかった。しかし、再審段階では、その後技術的に改良されて精度を増したＤＮＡ型鑑定によって「完全な冤罪」であることが立証された。

1　どのような事件だったのか

栃木県内を流れる渡良瀬川の河川敷から、一九九〇（平成二）年五月一三日、頸部圧迫の痕跡のある幼女の死体が発見された。この幼女は、その前日、市内のパチンコ店前の駐車場から姿を消したＭちゃん（当時五歳）であることが判明し、警察は幼女誘拐殺人事件として捜査を開始した。

栃木県内では、この事件が発生するまでの約一〇年間に二件の幼女誘拐殺人事件が連続して発生し、いずれも迷宮入りになっていたことから（以下、「別件」または「別件幼女誘拐殺人事件」）、警察は、本件もこれら迷宮入り事件と同一犯人によるものと考え大がかりな捜査態勢を組んだ。そして、種々のいきさつを経て、約一年半後に、検察官は、当時幼稚園バスの運転手をしていた菅家利和さんを、本件幼女誘拐殺人・死体遺棄事件（正確には、わいせつ誘拐、殺人、死体遺棄事件）の犯人として起訴した。

2　捜査はどのように行われたのか

捜査は難航し警察は焦慮した。警察は、現場に遺留されていたＭちゃんの下着からヒトの精子が検出されたことから、本件を幼児性愛者による犯行と断定した上、当時、幼稚園バスの運転手をしていた中年の独身男性（菅家さん）に目星をつけた。しかし、一年以上にわたる動静調査によっても菅家さんに小児性愛を疑わせる不審な行動は見られなかった。他方、当時、科学警察研究所（以下「科警研」）は、ヒトのＤＮＡ型から個人を特定する研究を進めており、独自に開発したＭＣＴ一一八法という手法の実用化を図ろうとしていた。そのため警察は、動静調査中の菅家さんが近くのごみ捨て場に出したゴミ袋の中から「精液の付着したティッシュペーパー」を発見すると、これを押収した上、犯行現場に遺留されていた「精液の付着した下着」とともに科警研に送付した。約半年後、科警研からは「両者のDNA型はMCT一一八法で一致し、血液型も同型である」旨の回答があった。そして、科警研がこれを一部マスコミにリリースしたことから、報道は一挙に加熱した。

このMCT一一八法というDNA型鑑定は、当時未だ開発途上のもので精度が高くなく、血液型一致の点を含めても、人物の同一性を厳密に確定することのできるものではなかった。しかし、警察は、この鑑定結果を過大に評価し、菅家さんを本件の犯人であると確信した。そして、その後間もなく（事件の約一年半後である一九九一〈平成三〉年一二月一日早朝）、「任意同行」という名の下に菅家さんを警察へ強制的に連行した上、長時間にわたり厳しい取調べを行った。その結果、当初は犯行を完全に否認していた菅家さんも、当夜遅く（午後一〇時頃）事実を認めるに至った。警察は、この自白をもとに逮捕状を得て菅家さんを翌日未明に逮捕し、引き続き勾留の上、詳細な自白調書を多数作成した。

そして、事件送致を受けた検察官も、DNA型鑑定の結果と自白調書を盲信し、菅家さんを本件幼女誘拐殺人・死体遺棄事件の犯人と断定して起訴した。なお、本件起訴後、警察は、別件幼女誘拐殺人事件についても菅家さんを逮捕・勾留して追及し、菅家さんはこれも自白したが、結局別件について追起訴には至らなかった。

3　裁判はどのように進行したのか

（1）第一審段階

菅家さんには、実兄がA弁護士をいち早く弁護人として選任してくれていた（なお、別件による逮捕の時点でB弁護士も選任された）。しかし、A弁護士は、自白とDNA型鑑定により完全にクロの心証を抱いてしまい、菅家さんから真相を聞き出そうとする努力を全くしなかった。菅家さんは、裁判で事実を否認したいと考えていたが、対応の仕方を弁護人から教えてもらえないまま、第一回公判では捜査段階の供述を維持して公訴事実を認めてしまった。

しかし、納得できない菅家さんは、一方で家族に対しては、「本当は犯人ではない」という一四通もの手紙を書き送り続けていた。そして、家族がこの手紙をA弁護士に届けたことから、第六回公判で同弁護士が手紙の趣旨を菅家さんに質問し、これが契機となって、菅家さんはこの裁判の途中から「本当は犯人ではない」と供述するに至った。しかし、菅家さんの有罪を確信するA弁護士は、メディアに対し「信頼関係を裏切られた感じだ」とコメントし、菅家さんと接見した際もその態度を崩さなかった。そのため菅家さんは、結局、「本当はやっている。公判で言ったことは嘘である」という上申書を裁判所に提出することになった。

裁判所は次回（第七回）公判期日で弁論を一旦終結した。

しかし、どうしても納得できない菅家さんは、結審後、「本当は自分は犯人ではない」という手紙をA弁護士宛てに出した。同弁護士がこれを裁判所に提出したことから、裁判所は弁論を再開して被告人質問をやり直した。しかし、Ａ弁護士は、この被告人質問の際も菅家さんに事実を認めさせようとする質問をし、裁判所もこれを聴きおくだけでそのまま再度弁論を終結した。二週間後に言い渡された判決は有罪判決（無期懲役刑）であった。

（2）控訴審段階

控訴審段階では当初国選弁護人が選任されていたが、支援者の求めに応じて菅家さんと接見した佐藤博史弁護士は、菅家さんの応答内容と態度から無実を確信して積極的な弁護活動に乗り出した。佐藤弁護士は、五〇〇頁に近い膨大な控訴趣意書を提出し、その中で、第一審判決に対する疑問を多数指摘した。

しかし、結果は控訴棄却であった。

（3）上告審段階

佐藤弁護士は、有罪判決の根拠とされた科警研のＤＮＡ型鑑定に根本的な疑問があると考えるに至り、拘置所にいる菅家さんから「抜去した頭髪」を郵送させ、日本大学の押田茂實教授にそのＤＮＡ型鑑定を依頼した。そして、押田教授から「菅家さんのＤＮＡ型は現場遺留の下着に付着する精液のそれ（ＭＣＴ一一八法による一八―二九）とは別の型（同一八―三〇）である」という意見書（押田意見書）を得て、これを最高裁に提出するとともに、最高裁に対しＤＮＡ型の再鑑定を請求した。

しかし最高裁は、再鑑定をせずこの意見書にも触れないまま、上告棄却決定をした。最高裁決定は、ごく簡単な理由で、ＭＣＴ一一八法によるＤＮＡ型鑑定の証拠能力を肯定するとともに、原決定に事実誤認があるとは認められないと判示した。しかし、後刻の再審段階の審理によると、この最高裁決定の認定は、誤りであることが判明した。

（4） 再審請求審段階

佐藤弁護士は、日本弁護士連合会（日弁連）の支援を得て再審の請求をした。新証拠の中心は、上告審で判断の対象とされなかった押田意見書である。しかし、第一審の宇都宮地裁は、長期間事件を放置した後、「弁護人提出のＤＮＡ型鑑定の資料（頭髪）は、菅家さんのものであるという疎明が不足している」という驚くべき理由によりこの新証拠の明白性を否定し、再審請求を棄却した。

（5） 即時抗告審段階

これに対し即時抗告審である東京高裁は、弁護人の求めに応じて、下着に付着していた精液のＤＮＡ型と菅家さんのＤＮＡ型との同一性について再鑑定をさせる（しかも、検察官・弁護人がそれぞれ推薦する法医学者二人に鑑定させる）こととした。間もなく二人の鑑定人から提出された鑑定結果は、「下着付着の精液のＤＮＡ型は菅家さんのＤＮＡ型と一致しない」という点で完全に一致した。この鑑定は、捜査段階で使われたＭＣＴ一一八法とは異なり、その後開発されたＳＴＲ法に基づく厳密なものであって、二人の鑑定人の鑑定結果が一致したところからも、鑑定結果を疑う余地はなかった。

この衝撃的結果を受けて、検察官は菅家さんを突如釈放した。その後、東京高検は、「再審事由あり」

とする意見書を提出し、これを受けて東京高裁は再審を開始した。この決定はそのまま確定した。

（6）再審公判段階

再審公判において宇都宮地裁は、当初のＤＮＡ型鑑定の証拠能力を否定した上、自白の任意性をも否定して、菅家さんに対し完全無罪の判決を言い渡した。判決当日、裁判所は法廷で菅家さんに謝罪した。

4　警察・検察の捜査は、どのような意味で違法・不当であったのか

本件における警察・検察の捜査が、どういう意味で違法・不当であったかを順次指摘する。ただ、本件においては、確定第一審段階の弁護人（Ａ弁護士）の行動及び裁判所の対応にも大きな問題があったので、引き続きそれらの点についても検討する。

（1）「任意同行」に名を借りた強制連行

警察が菅家さんを取り調べるに至った経過は、2記載のとおりである。取調べを開始する段階で警察は、後に信用性が乏しいと判明する科警研によるＤＮＡ型鑑定しか持っていなかった。当時、幼稚園バスの運転手として働いていた独身の菅家さんは、一年にもわたる動静調査の間、毎日幼児と顔を合わせる生活をしているのに、幼児性愛者を疑わせる行動が全くなかったし、それ以外にも菅家さんを本件の犯人であると疑わせる証拠は、ＤＮＡ型鑑定以外には全く存在しなかったのである。

それなのに、警察は、菅家さんを犯人であると決めつけた。そして、菅家さんが「今日は、職場の同

僚の結婚式に出席する予定がある」として同行を渋るのに、有無を言わさない形で警察署へ連行した。この同行は、「任意」同行の名の下に行われた強制連行である。

(2) 長時間にわたる不当な尋問

警察は、強制連行した菅家さんを、頭から犯人と決めつけて一三時間にもわたり、髪を引っ張ったり机を叩いたり、Ｍちゃんの写真を示して「謝れ」と大声で怒鳴ったりした。それだけでなく、「現場にあった精液が一致する。絶対に逃げられない」などと申し向け、一三時間にも及ぶ追及によって、遂に菅家さんを虚偽自白に追い込んでしまった。この取調べによる自白は再審無罪判決の中では、任意性が否定されている（もっとも、判決は、髪を引っ張るなどの有形力の行使を否定している）。

(3) 開発途上で精度が高くないＭＣＴ一一八法によるＤＮＡ型鑑定の結果を過信（盲信）し、菅家さんの言い分に一切耳を貸さなかったこと

警察が菅家さんを本件の犯人であると思い込んだのは、「現場に遺留された下着に付着する精液と菅家さんの精液の各ＤＮＡ型が一致する」「血液型も一致する」という科警研の鑑定を盲信したためである。しかし、このＤＮＡ型鑑定は、科警研が独自に開発しつつあったＭＣＴ一一八法によるもので、精度が高くないことが分かっていた。科警研の当時の回答によると、ＤＮＡ型の一致と血液型の一致を合わせて考えても、下着付着の精液と菅家さんの精液が同一の人物に由来する出現頻度は、一〇〇〇人中一・二人であるとされていた。しかも、この出現頻度はわずか一九三のサンプル例に基づくものであり、

後に述べるとおり、その後サンプル例が増加するに従って出現頻度は著しく増加した。ところが警察は、この鑑定結果を金科玉条として、菅家さんの弁解や消極証拠などに一切耳を傾けることなく、（2）記載のような厳しい取調べを長時間行ったのである。

（4）DNA型鑑定の基礎となる資料の収集過程に違法の疑いがあること

警察は、先に述べたとおり（2参照）、菅家さんが自宅近くのゴミ捨て場に出したゴミ袋の中から「精液の付着したティッシュペーパー」を発見・押収し、これを科警研へ鑑定資料として送付した。問題のDNA型鑑定は、この精液を資料とするものである。市民がゴミをゴミ捨て場に出した場合、その管理権は市にあるというべきであり、捨てた市民も、これが「市に回収されることを当然の前提」としているのであって、警察が勝手にこれを持ち去ることを容認してはいない。したがって、警察がそれを取得したいと考えれば、当然のことながら、本人の了承を得るか差押え令状を必要とするはずである。そのような手続を採ることなく、ティッシュペーパーを令状なしで持ち去った警察には、令状主義を潜脱した違法があるというべきである（しかし、裁判所はこれを違法とは認めなかった）。

（5）公判廷で事実を否認し出した菅家さんを検察官が拘置所内で取り調べて追及し、否認供述を撤回させたこと

第一審の第六回公判で菅家さんが事実を否認すると、検察官は、閉廷後拘置所まで出向いて菅家さんを追及し、「法廷で述べたことは真実でない」と認めさせた。菅家さんは、この時点で被疑者ではなく、

すでに「検察官と対等な立場の当事者である被告人」であったのであるから、検察官といえども、こういう形で被告人を取り調べて追及することが許されないことは、余りにも当然のことである。

5　弁護活動の問題点は何か

第一審の弁護人であったA弁護士は、科警研のDNA型鑑定と自白を盲信し、菅家さんが犯人であることを疑わなかった。そのため、捜査段階で自白していた菅家さんから、「やっていない」という真実の弁解を引き出すことができず、第一回公判でも事実を認めるに任せてしまった。捜査段階で接見したA弁護士は菅家さんに対し、「（迷宮入りの二件を含め）三件のうち一件もやってないということはないんだろうね」などと語りかけたため、菅家さんは弁護人に真相を話せなくなったとされている。

それだけではない。菅家さんが第六回公判で事実を争い出した後も、A弁護士は、これを契機に弁解に耳を傾けることなく、むしろ否認供述を撤回させようとしたことは、すでに3（1）で述べたとおりである。私選弁護人のついている被告人が公判廷で公訴事実を認めた場合、裁判所の有罪心証はそれだけで決定的に固まってしまう場合が多い。第一審におけるA弁護士は、本件について誤った裁判を導く上で決定的に重要な役割を果たしてしまったことになる。

被疑者・被告人は、厳しい取調べを受けると、弁護人に対しても心を閉ざしてしまうことがあるから、弁護人が被疑者らから真実を聴き出すことは必ずしも容易なことではない。しかし、被告人の人権の擁護者であり唯一の味方である弁護人は、被疑者・被告人からなんとしても真実の声を聴き出そうと努力する義務がある。A弁護士は、明らかにその義務を怠ったというべきである。

6　裁判所の対応にはどのような問題があったのか

弁護人さえ信じなかった被告人の弁解を裁判所に信用せよと求めることには難しい面もある。しかし、「無辜（無実の者）を処罰しない」ことは、裁判所の最大の使命である。本件において、第一審公判の終盤に至ってではあるが菅家さんが事実を根本的に争い出したのであるから、裁判所としては、その弁解を真摯に受け止め、真相の解明に乗り出すべきであった。特に、被告人・弁護人が本格的に争い出した控訴審以降再審請求審までの裁判所（最高裁を含む）が、菅家さんの弁解に全く耳を貸さなかったのは、何としても残念なことであった。以下、控訴審以降の裁判所について、特に残念であった点を挙げる。

（1）　控訴審について

控訴審（東京高裁）は、佐藤弁護士が本格的に事実を争い出した以上、菅家さんが第一審公判途中まで事実を認めていたにしても、その自白の信用性を慎重に再検討するべきであった。菅家さんの捜査段階での自白は、重要な点で変遷しているだけでなく客観的証拠とも矛盾する点があり、秘密の暴露もなかった。また、第一審判決が重視したＤＮＡ型鑑定の出現頻度は、当初の一〇〇〇人中一・二人から、サンプル数の増加した控訴審段階では、一〇〇〇人中八・三人とされたことからも明らかなように、サンプル数の増加とともに出現頻度も増加する傾向があった（その後さらに一〇〇〇人中三五・八人と大幅に増加した）。このことからすると、少なくとも控訴審裁判所は、当初のＤＮＡ型鑑定に頼り切ることに疑問を感じ、いっそう慎重な審理を遂げるべきであった。

また、この段階において菅家さんは、「DNA型鑑定は誤りだ。もう一度鑑定をやり直してほしい」と主張していたのである。裁判所としては、再鑑定の労を厭うべきではなかった。だが科警研のDNA型鑑定を盲信する控訴審裁判所は、先に述べたような自白調書の問題点を軽視してしまった。

（2） 上告審について

上告審（最高裁）も、佐藤弁護士が提出した押田鑑定によって科警研のDNA型鑑定の誤りに気付く契機があった。しかし、最高裁は、弁護団の提出した押田意見書に一顧も与えず、平然と上告を棄却してしまったのである。

（3） 再審請求審について

再審請求審（宇都宮地裁）は、弁護団提出の新証拠である押田意見書について、先に述べたように、「鑑定の対象とされた頭髪が、菅家さんに由来することの疎明が不十分である」という驚くべき理由により明白性を否定した。これは、平たく言えば、弁護人が（菅家さんでない）他人の頭髪を菅家さんのものであると偽って押田教授に鑑定させた疑いがある、という非常識な理由である。

もし裁判所がそのような疑問を抱いたのであれば、菅家さんから再度頭髪を提出させて再鑑定すれば済むことである。有罪認定の最大かつ決定的な根拠とされるDNA型鑑定にとんでもない疑問が提起されているのに、これに正面から取り組まなかった裁判所の態度は、どう考えても理解できない。

（4）即時抗告審について

即時抗告審は、弁護人の請求を容れて、ＤＮＡ型再鑑定に踏み切った。遅きに失してはいるが当然の措置であり、その点は評価できる。しかし、裁判所は、どういう訳か、検察官請求に基づく鑑定（以下「鈴木鑑定」）だけを再審開始の理由とし、同じ結論を示した弁護側の本田鑑定人による鑑定書（以下「本田鑑定」）を事実上無視したのである。佐藤弁護士によれば、これは、同鑑定人が、ＳＴＲ法に基づく鑑定だけでなく、ＭＣＴ一一八法による鑑定をも実施し、捜査段階における科警研のＤＮＡ型鑑定自体が誤りであることまで立証したからであるとされている。もし裁判所が警察を擁護するために、このような理由で本田鑑定を無視したのだとすれば、裁判所に対する信頼を根本的に失わせるものといわなければならない。

（5）再審裁判所について

再審裁判所は、有罪判決の基礎とされたＤＮＡ型鑑定の証拠能力だけでなく自白の任意性をも否定して「完全無罪判決」をし、さらに、公判廷で菅家さんに謝罪した。確かにこの点は評価できる。ところが、再審裁判所も、即時抗告審と同様、無罪の理由として鈴木鑑定しか挙げておらず、本田鑑定を事実上無視している。不可解なことというほかない。

7　総括

再審の即時抗告審段階で裁判所がＤＮＡ型再鑑定に踏み切り、再審裁判所によって「完全無実」が宣言されたのは、不幸中の幸いであった。その間に、ＤＮＡ型鑑定技法が格段に進歩していたことも幸いした。しかし、再審段階で使われたＳＴＲ法がなかったとしても、佐藤弁護士が上告審段階で提案したように、菅家さんのＤＮＡ型をＭＣＴ一一八法で再鑑定することによっても、確定判決の誤りを明らかにすることはできたはずである。そういう観点から考えると、犯人性の争われる事案において、裁判所が科学的証拠に惑わされることなく、被告人の弁解に「真摯かつ謙虚に」耳を傾け、「徹底的に審理を尽くす」ことの重要性を改めて思い知らされる。確定審の早い段階から菅家さんの無実を確信して救援活動に奔走した一人の主婦（西巻糸子さん）の曇りのない目を、法曹は見習う必要があるように思われる。

◆第22回

違法な取調べで無理やり虚偽自白をさせ、自然発火による火災事故を保険金目的による放火殺人事件として起訴した
――東住吉事件

【事件発生：一九九五（平成七）年七月二二日】
・大阪地判平成一一年三月三〇日判時二三二四号六三頁（無期懲役）
・大阪高判平成一六年一二月二〇日刑集六〇巻九号六一五頁（控訴棄却）
・最三小判平成一八年一一月七日判時一九五七号一六七頁（上告棄却）
［再審請求］
・大阪地決平成二四年三月七日判時二三二四号四三頁（再審開始）
・大阪高決平成二七年一〇月二三日（抗告棄却）
・大阪地判平成二八年八月一〇日判時二三二四号二八頁（無罪）
［国家賠償請求訴訟］
・大阪地判令和四年三月一五日訟月六九巻八号八五九頁（一部認容、一部棄却）
・大阪高判令和五年二月九日訟月六九巻八号八四三頁（控訴棄却）
・最一小決令和六年三月二八日（上告棄却）

自動車の給油口から漏れたガソリンが風呂場の種火に引火して火災となり、一一歳の少女が焼死した。ところが、警察は、これを少女の母親と同棲男性の共謀による「保険金目的の放火殺人事件」であると目星をつけ、二人を逮捕・勾留の上違法な取調べを行い、無理やりその旨の虚偽自白を引き出して起

訴した。

1　どのような事件だったのか

一九九五（平成七）年七月二二日、大阪市東住吉区所在の青木惠子さん居宅の風呂場から出火し、入浴中の一一歳の少女Mちゃん（惠子さんの長女）が焼死した。後の再審段階の審理により、これは、自動車の給油口から漏れたガソリンが風呂の種火に引火して起こった火災事故であると判明する。しかし、警察は、Mちゃんに一五〇〇万円の生命保険が掛けられていたことなどから、母親惠子さんと同棲男性Aさんの共謀による「保険金目当ての放火殺人事件」と即断し、火災直後から、惠子さんとAさんに対し任意出頭を求めては厳しく追及し、自白を求めた。

二人とも当初は否認したが、Aさんは、比較的早い段階でMちゃんと性的関係があったことを自供し、また、九月一〇日に惠子さんと一緒に出頭を求められた際には、「惠子と相談の上、保険金取得目的で、ガソリン七・三リットルを撒いてライターで火をつけた」旨の自白をした。二人は、当日逮捕され、惠子さんは容易に自白しなかったが、その後、「AさんがMちゃんと性的関係があった」などと聞かされて絶望し、自白するに至った（もっとも、直後にこれを撤回した）。他方、Aさんは、その後自白・否認・黙秘を繰り返した。

しかし、Aさんが警察に虚偽自白した理由は、①警察官から首を絞められて壁に押しつけられるなどの暴行を加えられた、②惠子さんの息子S君（当時八歳）もAさんが火をつけるところを目撃している旨の虚偽の事実を告げられた、③本件を否認すれば、Mちゃんとの性的関係も事件にすると言われたなどの点にあった。他方、恵子さんが一時的にせよ自白したのは、④AさんとMちゃんとの性的関係があったと言われ、⑤「S君もAさんの放火を見ている」と虚偽事実を告げられて絶望した結果であった。

2　確定審の裁判はどのように行われたのか

第一審において、恵子さんとAさんはいずれも否認して争ったが、裁判所は、自白の任意性・信用性を認めて、二人を無期懲役に処した。そして、控訴審・上告審は、いずれも二人の控訴・上告を棄却した。かくして、二人の無期懲役判決は確定した。

3　再審の裁判はどのように進行したのか

再審段階において、弁護人は、本件火災現場の状況を再現して「Aさんが自白した方法で放火することが可能であるかどうか」の実験（大がかりな燃焼再現実験）を行った。その結果、風呂の種火がついている状況の下では、散布したガソリンに点火する前に種火から引火して燃え上がり、点火しようとした者は大やけどをするはずであることが判明した。他方、検察官も、別途独自に燃焼実験を行ったが同様の結果に至り、その結果、Aさんが自白した方法で放火することは不可能であると判明した。要するに、唯一の有罪証拠である自白の信用性が完全に崩壊したのである。これを受けて、大阪地裁は、二人に対し再審開始の決定をした。

ところが、検察官の即時抗告によって、審理はさらに長期化する。即時抗告審は、検察官の「自然発火があり得ないとすれば、何らかの方法で二人が放火したと認めざるを得ないはずだ」という主張に引きずられて、「火災の真の原因は何か」を争点として提示した。要するに、「密室状態の居宅で火災が発生したことは厳然たる事実である。自白の信用性が崩れたにしても、自然発火の可能性が否定されれば、二人の放火以外に火災の原因はあり得ないはずだ」という理屈である。

弁護人は、検察官の主張する方法での放火が不可能と判明した以上、直ちに再審は開始されるべきだと主張した。しかし、結局、裁判所の求めに応じざるを得なくなり、Aさんが風呂場のたき口近くに駐車させていた車からガソリンが漏れていた可能性を探求する。そして、Aさんの車と同車種の車からガソリン漏れがかなりの件数発生している事実を掴んで立証した。その結果、恵子さんとAさんに対する検察官の即時抗告はいずれも棄却され、再審開始決定がようやく確定した。

再審公判では、さすがの検察官も有罪立証をあきらめたので、事件は即日結審となり、三か月後、二人に対しいずれも無罪判決が言い渡された。この判決では、先に記載したように、警察官が二人に対し違法な取調べをして任意性のない虚偽自白を引き出した事実が認められた。これにより、二人は、ついに青天白日の身（無実）となったのである。しかし、ここに至るまでには実に二一年という長年月を要しており、無罪判決当時、事故の時点では八歳であったS君もすでに三〇歳に近い年齢に達していた。出所後の恵子さんは、年老いた両親の世話に加え、成人したS君との対応にもまごつくことになった。

4　誤判の原因は何か

誤判の最大の原因は、警察官が、確証もないのに、本件火災事故を「保険金目当ての放火殺人事件」

と想定し、恵子さんとAさんの弁解に一顧も与えず無理な取調べをしたことである。確かに、密室状態の居宅で火災が発生し、子供が焼け死んだ、その子供には保険金が掛けられていた、恵子さんは、当時借金があるのに、マンションの購入計画を持っていたなどの事実は、一見すると、警察の見込みに合いそうな事実である。しかし、マイホームを取得する目的で、かわいい盛りのわが子を焼き殺す決意をすることは、通常ありそうもないことである。しかも、取得できる保険金はせいぜい一五〇〇万円であり、自宅を焼却してしまえば、当面住む家にも困る。そのような事情を冷静に考察すれば、警察の想定した筋書きが合理的なものでないことは、誰にでも容易に理解できたはずである。それなのに、警察は、既定の捜査方針で突っ走り、無茶な取調べで二人を虚偽自白に追い込んだ。検察官もこれを追認し、確定審の裁判官は、全員、この自白を盲信して二人を有罪と認め、無期懲役判決を確定させてしまったのである。

再審段階において、弁護団の懸命の努力と著名燃焼学者の協力等により、大がかりな燃焼再現実験が可能になったことで、恵子さんたちの雪冤が果たされた。ただ、それにしても、検察官の執拗な有罪主張とそれに引きずられた裁判所の優柔不断により、弁護団は、車のガソリン漏れに関する情報収集まで求められる結果となった。弁護団がその情報収集に成功しなかったとすれば、あるいは再審の門が開かなかったかも知れないと考え、ぞっとするのは筆者だけであろうか。

5　唯一の救い——無罪を信じた裁判官の存在

唯一の救いは、再審以前の段階で事件を審理した裁判官の中に、一人だけではあるが、二人を無罪と考えた裁判官がいたことである。

それは、最高裁第二小法廷で、当初、裁判長として審理に関与した滝井繁男裁判官である。滝井裁判官は、記録を検討した結果、惠子さんとAさんの無罪を確信し、有罪判決を破棄して差し戻すべきであるという意見書をまとめていた。残念ながら、同裁判官は、最高裁の決定告知以前に定年退官したため、この意見書は日の目を見なかったが、後日（同元裁判官の死去後）この意見書が発見され、以上の経過が明らかになった。

第二小法廷の他の裁判官は、滝井裁判長の意見に耳を傾けることはなく、同裁判長が定年退官するのを待って、その一か月後に上告棄却の決定をしたのである。

6　国家賠償請求事件の結末

再審無罪判決確定後、惠子さんは、国と大阪府に対し国家賠償請求訴訟を提起した。審理の結果、裁判所は、警察官の取調べが違法であったことを理由に府に対する請求は一部認めたが、国に対する請求は全面的に棄却した。弘前大学教授夫人殺し事件（第3回）では全面棄却（ゼロ解答）であったことを思えば半歩前進といえなくはないが、双方に対する請求を認めた布川事件（第16回）には及ばない。「国賠の壁」の高さを改めて思い知らされる結果である。

◆ 第23回

重要な鑑定結果を秘匿し、決め手にならない情況証拠だけで、無実の男性を犯人と断定して起訴した

——東電女性社員殺害事件

【事件発生：一九九七（平成九）年三月九日】
・東京地判平成一二年四月一四日判タ一〇二九号一二〇頁（無罪）
・東京高判平成一二年一二月二二日判時一七三七号三頁（破棄、無期懲役）
・最三小決平成一五年一〇月二〇日集刑二八四号四五一頁（上告棄却）
［再審請求］
・東京高決平成二四年六月七日高刑集六五巻二号四頁（再審開始）
・東京高決平成二四年七月三一日（異議棄却）
・東京高判平成二四年一一月七日判タ一四〇〇号三七二頁（無罪）

殺害された女性の身体や室内にいくつもの有力な痕跡が残されていたのに、検察官は、重要な鑑定結果を秘匿し他の物証を慎重に検討しないまま、決め手にならない情況証拠だけに基づいて、不法残留外国人を犯人と断定して起訴した。第一審の無罪判決を逆転した控訴審の誤りは、再審段階に至ってされたDNA型鑑定により決定的に明らかにされた。

1　どのような事件だったのか

一九九七（平成九）年三月一九日、東京都渋谷区円山町のアパート（K荘）で女性の変死体が発見さ

れた。被害女性（A子さん）が、昼間は超優良企業（東京電力）で総合職として働くキャリアウーマンでありながら夜はラブホテル街で客を取って売春していたという特殊性もあって、事件は大きく報道された。Ｋ荘室内のトイレには精液の入ったコンドームが遺留されており、その精液のＤＮＡ型が付近に住む不法残留外国人ゴビンダ・プラサド・マイナリ氏のそれと一致したことなどから、検察官は、ゴビンダ氏を犯人と断定して起訴した。

2　捜査はどのように行われたのか

警察は、ゴビンダ氏を不法残留罪で別件逮捕した上で本件について追及したが、ゴビンダ氏は犯行を否認し、後に弁護人のアドバイスを受けて黙秘に転じた。しかし、警察は、トイレに遺留されていたコンドーム内の精液（以下「トイレ遺留精液」）のＤＮＡ型がゴビンダ氏のそれと一致すること、室内に遺留されていた陰毛四本のうちに、ゴビンダ氏の血液型（B型）と一致する陰毛が含まれていたこと、トイレ遺留精液の劣化状況は、犯行当日に遺留されたものと考えて矛盾しないとされたことなどから、ゴビンダ氏に対する嫌疑を深めた。もっとも、本件については、A子さんから奪われた財布が、ゴビンダ氏に土地勘のない巣鴨で発見されたという事情があった。また、ゴビンダ氏の勤務先からの退去時刻からみると、推定される犯行時刻にゴビンダ氏が現場にいることは、不可能ではないものの時間的に「ぎりぎり」であった。しかし、警察は、「トイレに遺留された精液のＤＮＡ型がゴビンダ氏のそれと一致」し、「室内からゴビンダ氏の血液型と一致する陰毛が発見された」こと、さらには、ゴビンダ氏が捜査の初期段階で、「A子さんとは面識がない」旨嘘の弁解をしていたことなどから、ゴビンダ氏の犯人性は明らかであると判断し、検察官もこの警察の判断を前提としてゴビンダ氏を完全否認のまま起訴した。

3　公判はどのように進行したのか

本件では、ゴビンダ氏を犯人と認めるべき直接証拠は皆無であり、問題は、先に述べたような情況証拠を総合することで、ゴビンダ氏の犯人性を認め得るかどうかにあった。

第一審の東京地裁は、検察官主張の情況証拠を総合しても、ゴビンダ氏を犯人と断定するには至らず合理的疑いが残るとして、ゴビンダ氏に無罪判決を言い渡した。確かに、最大の証拠とされたトイレ遺留精液は、その劣化状況からみて、犯行当日に遺留されたものと見るより、ゴビンダ氏が公判で述べたように、「事件の一〇日ほど前にA子さんを買春した際、トイレに捨てた」ものと見た方が合理的に理解できるものであった。また、K荘室内から採取された陰毛四本の中には、ゴビンダ氏やA子さんの血液型と一致しないものが含まれていた。さらに、奪われた被害者の財布が、ゴビンダ氏に土地勘のない巣鴨方面で発見されたという、「ゴビンダ氏犯人説」を前提としては合理的に理解しにくい事実もあった。これらのことから、情況証拠だけではゴビンダ氏を犯人と認めるには足りないとされたのである。

これに対し検察官が控訴を申し立てた。そして、事件の配点を受けた東京高裁第四刑事部は、検察官の請求に基づき事実の取調べを精力的に進め、審理開始の約半年後には、無罪判決を破棄した上でゴビンダ氏を無期懲役に処する判決を言い渡した。A子さんを買春した時期に関するゴビンダ氏の公判廷での供述は、A子さんの手帳の記載に照らして信用できないとされたのである。これに対するゴビンダ氏の上告も棄却され、無期懲役判決は確定した。

4　再審の裁判はどのように進行したのか

ゴビンダ氏は、高裁判決に対し再審を請求した。弁護人が当初提出した新証拠は、上告審に提出した鑑定書程度であったが、裁判所が検察官に証拠物の開示と鑑定を勧告し、これに応じた検察官が、現場遺留の未提出証拠物の鑑定に踏み切ったことから、事件は大きく動き出した。

検察官が大阪医大のS教授に依頼した鑑定の結果、①A子さんの膣内容物を拭ったガーゼから、ゴビンダ氏以外の人物（X氏）のDNA型が検出され、また、②K荘室内から採取された毛髪一本からもX氏のDNA型が検出された。これらの事実は、A子さんとK荘室内で性交した最後の人物がX氏であったことを有力に推測させる。

こういうことになると、もともとトイレ遺留精液の劣化状況が、犯行当日ではなくゴビンダ氏の言うように、事件の一〇日ほど前に遺留されたと見た方が合理的なものとされていただけに、「X氏犯人説」が有力に浮上するのは当然である。

再審の審理は、この後も紆余曲折を辿るが、鑑定を重ねれば重ねるほどX氏の嫌疑が深まりゴビンダ氏の犯人性はますます揺らぐ結果となった。ゴビンダ氏に対しては再審が開始され無罪判決が言い渡された。

5　誤判の原因は何か

本件における最大の問題は、捜査機関と確定控訴審が、トイレ遺留精液のDNA型がゴビンダ氏のそれと一致することに引きずられて、「ゴビンダ氏犯人説」に飛びついてしまったことである。先にも述べたとおり、この精液の劣化状況は、犯行当日に遺留されたとするよりは、その一〇日ほど前に遺留されたと考えた方が合理的に理解しやすいとされるものであった。しかし、警察・検察と確定控訴審裁判所は、そのことを意に介さなかった。また、Ａ子さんの所持品がゴビンダ氏の土地勘のない巣鴨で発見されたという「ゴビンダ氏犯人説」と矛盾する消極的間接事実も、事実上無視されてしまったのである（後記のとおり、確定控訴審裁判所は、記録を受理するや精力的にこれを読み込んで心証を形成し勾留状を発付したが、これによって自縄自縛の状態に陥ったという見方もできる）。

たしかに、ゴビンダ氏は、捜査の初期段階で、「Ａ子さんとは面識がない」と嘘をついていた。そして、このことも捜査機関をして「ゴビンダ氏犯人説」に思考を短絡させる大きな原因になったと思われる。

それにしても、Ｋ荘室内からは、ゴビンダ氏の血液型（Ｂ型）と一致しない血液型の陰毛が複数採取されていたのである。また、Ａ子さんの膣内容物の血液型がゴビンダ氏のそれ（Ｂ型）と一致しないＯ型であるという鑑定結果も、捜査段階で得られていた。捜査機関は、それにもかかわらず、膣内容物に関する血液型鑑定結果を隠して開示しないまま、「ゴビンダ氏犯人説」に固執した。しかし、トイレ遺留精液が「ゴビンダ氏犯人説」の決定的根拠にならないことを考慮すれば、膣内容物とこのＢ型陰毛については、ＤＮＡ型鑑定をしてその結果を慎重に検討するべきであった。そして、それが、後の再審段階の鑑定で明らかにされたようにＸ氏のＤＮＡ型と合致することが明らかにされていれば、ゴビンダ氏の不幸な運命はこの段階で阻止され得たと思われるのである。

幸いにして、再審請求審担当の裁判長が検察官に対し積極的に証拠開示や物的証拠の鑑定などを勧告したことから、ゴビンダ氏は、逮捕以来一七年にして釈放され帰国することができた。しかし、もし裁判長に人を得なかったとすれば、ゴビンダ氏はいまだに獄窓に呻吟していたかも知れない。

本件は、物的証拠の開示の必要性と情況証拠による事実認定の難しさをとりわけ痛感させる事案であった。検察官が、膣内容物の血液型鑑定の結果を確定審の公判段階で秘匿したことは、まことに罪深いことであったといわなければならない。

6　無罪判決後の勾留の可否

本件については、第一審裁判所が無罪判決を言い渡した段階で、ゴビンダ氏の勾留を続けることができるかどうかという重大な法律問題があった。刑訴法の規定により、無罪判決によって勾留は失効するとされているので、そのままではゴビンダ氏を釈放しなければならない。しかし、検察官は、「それでは、控訴審判決以前にゴビンダ氏が強制送還されて帰国してしまい、仮に有罪判決を得た場合でもゴビンダ氏に対する刑の執行ができなくなる」という理由で、控訴審である東京高裁に「職権による勾留状の発付」を求め、当初、第五特別部は「職権を発動しない」という判断を示したが（この決定の裁判長は筆者である。記録が到着する以前の段階で、控訴審裁判所が勾留状を発付することができないことは、刑訴法、同規則の規定上明らかであった）、その後、記録を受理した第四刑事部は勾留を認めた。そして、これに対する弁護人の異議・特別抗告は棄却され、ゴビンダ氏は、無罪判決後も引き続き勾留される結果になったのである。

◆ 第24回

現場に遺留された多くの物証には目もくれず、ひたすら、目星をつけた被疑者を厳しく追及して虚偽自白させ起訴した
——氷見事件

【事件発生：二〇〇二（平成一四）年一月、三月】
・富山地判平成一四年一一月二七日（懲役三年）
［再審請求］
・富山地高岡支決平成一九年四月一二日（再審開始）
・富山地高岡支判平成一九年一〇月一〇日（無罪）
［国家賠償請求訴訟］
・富山地判平成二七年三月九日判時二二六一号四七頁（原告一部勝訴）

連続して発生した屋内強姦事件について、似顔絵などに基づく聞き込み捜査でA氏への嫌疑を深めた警察は、A氏を厳しく追及して虚偽自白させ、起訴した。現場に遺留された多くの物証を検討すれば、アリバイのあるA氏の嫌疑は早期に晴れたはずであったが、警察はそれらをまともに検討しなかった。有罪判決確定後、別件で逮捕された真犯人が本件を自白したため検察官がA氏の再審を申し立て、その結果、A氏は間もなく再審開始となり、その後無罪とされた。

1　どのような事件だったのか

二〇〇二（平成一四）年一月と三月に、富山県氷見市内で、同種手口による屋内強姦事件（三月の事

件は未遂）が発生した（以下「一月事件」「三月事件」）。二つの事件は、外部から電話をかけるなどして家人の不在を確かめてから屋内に侵入し、一人で留守番中の若い女性を強姦し（又はしようとし）た点で手口が共通していた。そのため、警察は、二件を同一犯人による犯行とみて捜査を開始した。

2　捜査はどのように行われたのか

現場には、毛髪、精液、指紋など物的証拠が多く遺留されていたが、これらから犯人を直接特定することはできなかった。そこで警察は、被害者から犯人の特徴を聞き取って犯人の似顔絵を作成し、タクシー会社などでの聞き込みで「似ている人」の情報を集めた結果容疑者としてＡ氏が浮上した。警察は、一月事件の被害者が「犯人に間違いない」と述べたところから、Ａ氏に対する嫌疑をますます深めた。

そこで警察は、Ａ氏に任意出頭を求めた上で、体調不良を訴えるのも構わず長時間厳しく取り調べ、三月事件に関する自白調書を作成した上身柄を拘束し、さらに厳しく追及した。その後、Ａ氏は一旦否認したが、警察は、Ａ氏を強く非難し再度自白に追い込んだ。

検察官は、直ちに起訴するのは無理と見て処分保留のままＡ氏を一旦釈放したが、警察は、一月事件で直ちに再逮捕（「門前逮捕」）した。その後、さらに無理な取調べを重ねた上で、この事件についても自白調書を作成し、再度の面通しをした結果断定的な識別供述を得た。その結果、検察官は、一月事件、三月事件の順でＡ氏を起訴した。

3　公判はどのように進行したのか

国選弁護人のY弁護士は、当番弁護士として捜査段階でA氏と接見し、A氏が各犯行を否認している事実を知っていた。しかし、公判段階では、A氏がその後自白に転じたことから、「見舞金を支払って執行猶予判決を得る」という方針で弁護し、各被害者に弁償金を支払った上で寛大な判決を求めた。

しかし、判決は懲役三年の実刑判決であった。裁判に絶望したA氏は、上訴をせずに服役した。

4　再審裁判はどのように進行したのか

A氏が服役した後、別件で逮捕された真犯人Bが本件（一月事件、三月事件）について自白し、その自白が真実と認められたことから、検察官はBを一月・三月両事件について起訴し、有罪の確定判決を得た。検察官は、その上で、A氏に対する再審を請求し、裁判所は、間もなく再審開始決定及び再審無罪判決をした。

一連の手続を腹に据えかねていたA氏は、これに満足せず、国と県を相手にして国家賠償請求訴訟を提起し、一部ながら勝訴判決を得た。

5　何が問題だったのか

本件の誤判原因は、①警察が、現場に遺留された多くの物証など物的・客観的証拠の検討をしないまま、「似顔絵による面割」という不確かな捜査方法で割り出したA氏を、一方的に追及して自白させたこと、②検察官が、警察の捜査に疑問を持ちながらも、その結果に従いＡ氏を起訴したこと、③起訴後選任された国選弁護人が、捜査段階で当番弁護士としてＡ氏と接見し、Ａ氏が事実を否認していることを知っていたのに、公判段階では「自白事件」としての弁護しかしなかったこと、④裁判所も、被告人・弁護人の公判での認否に惑わされ、真相を追求しようとする意欲に欠けていたことを挙げることができる。③④も重大問題であるが、ここでは、取りあえず、①②に関する問題点のうち特に重大なものを指摘するに止める。

(1) 物的証拠の無視

本件については、以下の諸点が明らかである。

① 先にも述べたとおり、被害現場からは、指紋、毛髪、足跡痕、精液など多くの物証が採取されたが、そのいずれからも、犯行とＡ氏を結びつけるものが発見されなかった。

② そのうち、足跡痕は、Ａ氏の履いている靴よりはるかに大きい靴の痕跡であったし、被害者が供述する刃物や緊縛道具に相当するものは、Ａ氏方からは発見されなかった。

③ 犯人の精液が付着した被害者の下着を、精液からの血液型の鑑定が「不明」とされた段階で、ＤＮＡ型鑑定もしないまま被害者に還付してしまった。

④ さらに、Ａ氏の自宅固定電話の履歴からは、三月事件の犯行時刻ころ、Ａ氏が自宅から実兄に電話していることを示す記録が残されていた。

④によると、A氏には、少なくとも三月事件についてアリバイが成立する。

このように、本件では、現場遺留の物証を含む物的証拠がことごとくA氏と犯行との結びつきを否定しているのに、警察は、このことに一顧も与えず、ひたすらA氏を追及して（虚偽）自白を引き出したのである。特に、前記④のアリバイについて、警察は、このような証拠が存在することに気づいてさえいなかった。

（2）不適切な面割方法

警察が犯人の割り出しに用いた面割方法は、以下のようなものであった。すなわち、①被害者から犯人の特徴を聴取して似顔絵を作成し、②これをタクシー会社などに配布して似ている人物を割り出し、③浮上したA氏の写真を使って写真面割を行い、④犯人に間違いないという供述を得てA氏を厳しく追及し自白を得る、というものであった。

このような方法は、①ないし④の各過程で誤りの混入する可能性があるので、その結果を過信することが危険であることは誰にでも容易に理解できることである。特に、本件における被害者らについては、「薄暗い中で犯人を一瞬見ただけ」とか「犯人はマスクを着用していた」などの事情があって、①の段階の情報が極めて頼りにならないだけでなく、写真面割までに長期間（一八日、七七日）経過していたなどの事情もあった。その上、実際の面割段階では、「写真台帳で見てもらった人を見てもらう」と告げるなど、明らかに不適切な方法も取られている。

（3）不当な被疑者の取調べ方法

これに引き続くＡ氏に対する取調べ方法も明らかに不当なものであった。警察は、否認と自白を繰り返すＡ氏に対し、「どうしてそんなこと言えんがよ」「もう嘘をついても駄目やぞ」などと追及して自白を求めた。さらに、警察は、被害者方の部屋の見取り図を書けないＡ氏に代わって鉛筆で図面の下書きをした上で、種々誘導的尋問をして調書を完成させた。

6　何が誤判をもたらしたのか

本件の誤判原因は、警察だけでなく、検察官、裁判所、弁護人のすべてにある。われわれは、二一世紀の近代国家日本において、未だに、「自白第一主義」「物証軽視（無視）」に徹した、ここまで非科学的な捜査とずさんな裁判が行われている事実を知って、ただただ唖然とするほかはない。

第25回

警察が最重要の物的証拠を「紛失」した
——平野母子殺害事件

【事件発生：二〇〇二（平成一四）年四月一四日】
・大阪地判平成一七年八月三日判時一九三四号一四七頁（無期懲役）
・大阪高判平成一八年一二月一五日判時二〇八〇号一五七頁（死刑）
・最三小判平成二二年四月二七日判時二〇八〇号一三五頁（破棄差戻し）
・大阪地判平成二四年三月一五日判時二三六〇号一二二頁（無罪）
・大阪高判平成二九年三月二日判時二三六〇号九五頁（控訴棄却）

本件は、控訴審において検察官の求刑どおり死刑が言い渡された重大事件である。最高裁は、一・二審判決に事実誤認の疑いがあるとして、破棄差し戻した。そして、差し戻された第一審が、最高裁からよく調べるようにと指示された証拠物を取り調べようとしたところ、検察官は、その証拠物は、起訴後間もなく警察署内で紛失していたと、信じがたい釈明をした。

1　どのような事件だったのか

本件は、二〇〇二（平成一四）年四月一四日、大阪市平野区のマンションで母子（計二人）が殺害された事件である。捜査の結果、検察官は、殺害された母親（A）の夫の養親である被告人をこの殺人事件の犯人として起訴した。しかし、被告人を犯人と認めるべき直接証拠はひとつも発見できず、収集できたのは、「被告人が犯人ではないかと疑わせる情況証拠」（つまり、間接的な証拠）だけであった（なお、被告人は、捜査段階で一時、マンション内に立ち入った事実を認める「不利益事実の承認」をしていたが、その後撤回していた）。その中で、一・二審判決が最も重視したのは、Ａ方マンションの一階階段踊り場にある灰皿（以下「階段灰皿」）から押収されたたばこの吸い殻から、被告人のＤＮＡ型が検出されたという事実である。確かに、これは重要な事実かと思われた。なぜなら、被告人は犯行を完全否認するだけでなく、捜査段階の一時期を除き、「被害者の住むマンションに行ったことはなく、その所在地すら知らなかった」と弁解していたからである。もし、たばこの吸い殻に関するＤＮＡ型鑑定が正しいとすれば、少なくとも、被告人がＡ方のあるマンションの一階踊り場まで行ったことは動かし難くなる。そして、この事実は、被告人の弁解が真っ赤な嘘であって、被告人が犯人であることを有力に示唆するもののようにも思われた。

2　上告審までの審理はどのようなものだったのか

第一審の大阪地裁は、吸い殻に関するＤＮＡ型鑑定をはじめとする複数の情況証拠を重視した上、被告人が捜査段階でした「不利益事実の承認」の任意性・信用性をも認めて、被告人の有罪を認定し無期懲役を言い渡した。

この判決に対し、被告人は「事実誤認」を理由として、検察官は「量刑不当」として、いずれも控訴したが、控訴審である大阪高裁は、被告人の控訴を理由なしとして有罪認定を維持する一方（不利益事実を承認した供述調書の任意性・信用性は肯定できないとしたが、それ以外の情況証拠だけで有罪を認定できるとした）、検察官の量刑不当の主張を認め、被告人を死刑に処した。

しかし、被告人の上告を受けた最高裁は、一・二審判決をいずれも破棄した上で、事件を第一審に差し戻した。

最高裁が一・二審の有罪判決を破棄した理由は、情況証拠だけで被告人を有罪と認めるためには、「被告人が犯人でないとしたら合理的に説明できない（又は、説明が著しく困難である）事実関係」が含まれていなければならないとした上で、本件一・二審判決が有罪認定の根拠とした情況証拠には、そのようなものが含まれていないという注目すべきものであった。しかし、ある意味でそれ以上に衝撃的であったのは、前記たばこの吸い殻に関する説示部分である。

被告人は、一・二審において、「以前自分が持っていた携帯灰皿がＡの手に渡っていたので、階段灰皿から発見された吸い殻は、Ａの手によって捨てられたものであり、自分がマンションまで行った事実を認める証拠にならない」と主張していた。そして、事件翌日に発見・押収された吸い殻の写真では、吸い殻は茶色っぽく変色しているように見えた。これらの点に着目した最高裁は、吸い殻は、本件当日以前にＡの手で捨てられた可能性がある、一・二審においては、吸い殻がいつ誰によって捨てられたのかについて、十分な審理が尽くされていないから、よく調べるように、という趣旨の判断を示したのである。

3　差し戻された地裁・高裁の審理はどのようなものだったのか

差戻後の第一審判決は、被告人に対し無罪を言い渡し、控訴審判決もこれに対する検察官の控訴を棄却して、被告人の無罪が確定した。しかし、本件は、それによって「めでたし、めでたし」とはならなかった。以下のような事実が差戻後第一審の審理で明らかになったからである。

（1）　最高裁が差戻しの理由としたのは、吸い殻が当日捨てられたものであるかどうか、また、被告人が弁解するように、携帯灰皿を通じ被害者の手によって捨てられた疑いがないかどうか、さらによく調べるように、という点である。

これは、問題の吸い殻と同時に収集された他の吸い殻（七一本）の中に被害者ＡのＤＮＡの付着したものがないかどうかを鑑定すれば、比較的簡単に解決できるはずの論点である。そこで、差戻審において、裁判所がその吸い殻（七一本）を調べようとしたところ、検察官がとんでもないことを言い出した。すなわち、「問題の吸い殻は警察が紛失したため手許にない。吸い殻は、段ボール箱に入れて警察が保管していたが、起訴後間もない時点で、段ボール箱ごと紛失してしまっていた」というのである。

（2）　差戻前の第一審において、弁護人は、検察官に対しこれら吸い殻の開示を求めていた。しかし、この申立てに対し、検察官は、吸い殻を紛失した事実をおくびにも出さないまま、「開示の必要性がない」として拒否していたのである。この答えは、吸い殻が手許にあることを前提にしたものと理解するほかないが、検察官の差戻後第一審での釈明によれば、吸い殻は、当時すでに紛失して手許になかったというのである。

(3) そもそも、検察官が死刑を求刑するような重大事件の捜査の過程で、重要証拠物である吸い殻を警察が署内で紛失するということ、それも証拠物の入った段ボールを箱ごと紛失するというようなことがあり得るのであろうか。しかも、警察は、「その直後に懸命に所在を捜査したが、その行方は杳(よう)として知れなかった」というのである。この説明は、どう考えても合理的に了解不能である。

(4) 差戻後第一審における検察官の釈明のように、警察が起訴前に吸い殻を紛失していたのが真実であるとすれば、検察官は、差戻前第一審において、紛失して手許にない証拠物があたかも現存するかのように装って、「開示は必要ない」と虚偽の主張をしていたことになる。それはそれで重大な問題である。しかし、さらに問題なのは、差戻後第一審における検察官の釈明が余りにも非常識であるということである。ことのいきさつから常識的に判断する限り、警察・検察官は、最高裁による差戻判決を受けた結果、「残りの吸い殻を提出すれば被告人の無実が明らかになってしまう」と考えて、急遽吸い殻を処分してしまった、と考える方がよほど合理的ではないか。差戻前第一審において、検察官が、「吸い殻は手許にあるが開示しない」という意味にとれる(2)記載の主張をしていた事実も、この推測を補強する。

4 大阪地裁の無罪判決に対し検察官はどのように対応したか

いずれにしても、最高裁で証拠物に関する審理が尽くされていないと指摘されて差戻しを受けた第一審において、肝心な証拠物の紛失が明らかにされたのである。検察官は、この無罪判決を潔く受け止め、一日も早くこの無罪判決を確定させるべきではなかったか。ところが、本件において検察官が現実にとった行動は、この無罪判決に対し控訴を申し立てるというものであった。そればかりか、検察官は、控訴審において、本質に関係しない種々の申立てをして審理を長期化させたのである。

第一審の無罪判決から五年を経過して言い渡された控訴審判決は、検察官の控訴を棄却するものではあった。しかし、本件吸い殻が、携帯灰皿経由でＡの手により捨てられた可能性がないかどうか、という点を審理するのに、裁判所はなぜ五年もの長年月を必要としたのか。理由は、裁判所が検察官の申立てに不当に引きずり回された点にあると考えるほかない。検察官の控訴申立て及び控訴審における立証活動が不当であったことは言うまでもないが、裁判所の優柔不断な態度が検察官のこの種の申立てを助長しているといわれてもやむを得ない。

裁判所は、検察官に対し、なぜもっと毅然とした態度を取ることができないのか。私は、この種の裁判に接するたびに、元裁判官の一人として切歯扼腕せざるを得ないのである。

◆第26回

架空の買収会合を設定して一三人の住民を起訴した
——志布志事件（一）買収会合事件

【起訴：二〇〇三（平成一五）年】
・鹿児島地判平成一九年二月二三日判タ一三一三号二八五頁（無罪）
〔国家賠償請求訴訟〕
・鹿児島地判平成二七年五月一五日判時二二六二号二三二頁（原告勝訴）

本件は、これまで紹介した普通の冤罪事件と明らかに様相を異にする。他の事件では、事件そのものは確かに存在したが起訴された人物が犯人ではなかったというに止まる（犯罪ではなく事故にすぎなかった事件でも、少なくとも「結果」は生じている）。ところが、本件では、警察・検察が捜査・起訴した一三人は、警察がでっち上げた「ありもしない架空の会合」に参加して選挙違反を行ったとされたからである。刑事事件では、四年近くの審理の結果全員無罪判決が確定した。それだけでなく、その後（元）被告人らや不起訴となった（元）被疑者らが提起した国家賠償請求事件（以下「国賠訴訟」）でも、次々と原告勝訴判決が言い渡され確定した。

1　どのような事件だったのか

　鹿児島県警は、二〇〇三（平成一五）年四月に行われた鹿児島県議会議員選挙（以下「県議選」）に際し、初めて立候補したN氏の当選を得させる目的で金品供与の選挙違反が行われたようだという不確かな情報に基づき、投票日翌日から捜査を開始した。警察が捜査したのは、①ビール供与事件、②焼酎供与事件、③焼酎・現金供与事件、④買収会合事件、⑤現金供与事件など多数に及んだ。

　しかし、捜査の結果最終的に起訴されたのは、④買収会合事件だけであった。この事件で起訴された事実は、N夫妻が共謀の上、同県志布志町（現在は志布志市）四浦（ようら）・懐（ふところ）部落在住の住民に対し、四度にわたる会合で合計一九一万円を供与し、住民らがこれを受け取ったというものである。警察は、多数の住民を次々に逮捕・勾留して自白を求め、うち六人からは自白を得た。しかし、N夫妻をはじめとする他の被疑者（起訴された七人を含む多数の不起訴被疑者）は頑として事実を否認した。そして、事実を認めた被疑者らの自白調書も、会合の回数、受け取った金員の額などについて著しい変遷を繰り返していた。

　買収会合事件では、約四年間、五三回の公判審理を経て、二〇〇七（平成一九）年二月に、全員（審理途中で他界した一人を除く一二人）に対し無罪の判決が言い渡され、この無罪判決は第一審限りで確定した。

　志布志事件については、この買収会合事件のほかにも、ア「踏み字事件」、イ「叩き割り事件」、ウ「接見妨害事件」など、捜査官の違法行為が問題とされる事件がいくつもある（ウ事件では裁判官の違法行為もある）。これらの事件についても、後日提起された国賠訴訟で、すべて捜査官の違法行為が認定された上で「原告勝訴判決」が確定している点がきわめて注目される。全部について説明したいところであるが、内容があまりにも膨大であるので、まず「買収会合事件」を、次いで「踏み字事件」を紹介するに止める。

2 「買収会合事件」の捜査と裁判は、どのように進行したのか

捜査は、投票日翌日から開始された。警察は、当初、1①②記載のようなビール、焼酎などの供与事件を想定して捜査を開始したが、容疑を容易に固められなかったところから、容疑を④買収会合事件に切り替えた。つまり、N氏の当選を得させるための買収会合が複数回行われたと想定し、住民を次々に逮捕・勾留して、長時間にわたり、厳しい糾問的取調べを行ったのである。その結果、取調べに耐え兼ねた住民の一部は、警察の誘導に乗って自白するに至ったが、警察は、会合が行われたことの裏付けとなる客観的証拠をまったく収集することができず、会合の回数すら把握できていなかった。そのため、会合の回数に関する自白内容は取調官の誘導するままに転々とし、一回から八回までばらついたが、最終的に「四回」ということに落ち着けた。

以上の捜査の結果、検察官は、二〇〇三（平成一五）年六月四日、同年七月一七日、八月一二日と三回に分けて、N氏夫妻のほか、懐部落の住民一一人（合計一三人）を起訴した。起訴状によると、N氏夫妻は共謀の上、四回にわたり住民I子さんの自宅で会合を開き、現金合計一九一万円を供与し、住民らはこれを受け取ったこととされていた。

しかし、公判が開始されると、捜査段階で自白した被告人らも一転して否認に転じ、否認を貫いた被告人ともども、自白の任意性・信用性を争ったので、審理は長期化した。

裁判所は、最終段階で自白調書を証拠として採用したが、第五四回公判で言い渡した判決では、その信用性を全面的に否定し、一二人全員（一人は、審理中に死亡）を無罪とした。この判決に対しては、先に記載したとおり、検察官が控訴を断念したため、第一審限りで無罪判決が確定した。

3　無罪判決の主たる根拠

本件では、先に述べたとおり、公訴事実を証明するための証拠が、捜査段階における一部被告人の自白調書だけであった。そして、自白調書では、最終的に「四回にわたる会合」が開かれたとされていたが、そのような会合が開かれたことをうかがわせる客観的証拠は皆無であった。そればかりか、これらの会合で合計一九一万円という高額の金員が供与されたとされていたのに、それら金員の出所も確定できなかった。その上、そもそも一〇軒余りしかない懐部落の住民を買収するために二〇〇万円近くの高額な現金をばらまいたという想定自体が不自然であった。さらに起訴状では、会合の行われたとされる日を特定することもできず、単に（1）「二月上旬ごろ」（2）「二月下旬ごろ」（3）「三月中旬ごろ」（4）「三月下旬ごろ」という曖昧な表示になっていた。これは、具体的な日時を特定すると、被告人らのアリバイが成立してしまうことを恐れた検察官が、ことさら曖昧な記載をしたものと見られる（起訴状記載の犯行日をことさら曖昧に記載した点は、後に紹介する第28回郵便不正事件と共通である）。検察官は、起訴の二年後、（1）については「二月八日」と、また（4）を「三月二四日」とそれぞれ特定したが、（2）（3）については、最後まで特定しなかった。

そして、審理の結果、日時が特定された（1）（4）について、N氏のアリバイが見事に立証されてしまった。N氏は、両日とも、志布志市内のホテルで同窓会や地元自治会の懇親会に出席していたことが明らかであったが、裁判所の検証の結果、このホテルから供応場所とされたI子さん方を往復することは時間的に不可能であることが判明したのである。

これらの点に加え、自白調書は、長期間・長時間にわたる過酷な取調べによって得られたものであり、内容的にも変転を繰り返し、あるはずのない事実が具体的・迫真的に供述されていることなどから、判決では、その信用性が全面的に否定された。

4　本件における「人質司法」の現実

本件は、殺人や強盗殺人等の重罪ではなく、公職選挙法違反罪という比較的法定刑の軽い罪であって、法定刑の上限はせいぜい懲役四年程度に過ぎない。また、住民らに前科があるわけでもなかったから、もともと重い処罰が予想される事件ではなかった。現に、論告の際検察官がした求刑は、買収側のN氏でも懲役一年一〇か月、被買収側に対する最も軽い求刑は懲役六か月に過ぎなかった。それであるのに、被告人らは、捜査段階から公判段階を通じて、きわめて長期間の身柄拘束を受けた。

捜査段階において、連日一〇時間にも及ぶ取調べが行われたことも重大な問題であるが、特に否認組について、公判開始後も容易に保釈が認められなかったことにも注目する必要がある。

特に、N氏の身柄拘束は、優に満一年を越え実に三九五日に達した。これは、第28回で紹介する村木厚子さんの勾留日数の二倍を超える。もちろん、保釈を許可するかどうかは裁判所の権限であるが、現状では、保釈について検察官が強い反対意見を述べた場合、裁判所がそれを押して許可することはほとんどない。検察官の意見が「絶対反対」などという強い反対意見の場合、それは言外に「もし許可したら不服申立て（準抗告ないし抗告）をする意思」を表示したものと理解されており、そういうケースでは、裁判所の判断はいっそう慎重（臆病）になる。その意味では、例の日産自動車事件で起訴後比較的短期間で保釈が許可されたケリー取締役の場合は、従前の一般的実務からは想像できないものであった（なお、カルロス・ゴーン氏に対する保釈請求は、ケリー氏の場合と異なり、二回続けて却下された後、新たに選任された弁護人による三回目の請求で保釈が認められた。同氏が身柄拘束一〇〇日余りで釈放されたことは、同氏が全面否認・全面対決の姿勢を貫いていたことからすると、従前の実務からは考えられないことである。もっとも、ゴーン氏はその後四回目の逮捕・勾留の後再保釈されたが、このような人質司法に危機感を深めた結果、誰も予期しなかった国外逃亡という思い切った行動に出た）。

本件での身柄拘束期間は、単に「長い」というだけでなく、その期間が、自白組と否認組とで対照的である点が注目される。

Ｆ氏、Ｉ子さん、Ｙ氏の三人は、捜査段階で自白していただけでなく、公判の初期段階においても、いったん公訴事実を認めた。すると、この三人に対しては、比較的早期に（といっても、身柄拘束日数は一〇〇日前後に達する）保釈が許可された。しかし、捜査段階で自白したが公判で否認した三人が保釈されたのは、その後三か月近くも経過してからだった。

さらに、主犯と見られたＮ氏夫妻に対する勾留が一年を優に越える長期間に及んだことはすでに指摘した。これら被告人に対する身柄拘束は、期間が長いだけでなく、接見禁止を伴うという点でも過酷きわまるものである（N氏に対する接見禁止期間は、実に七か月近く及んだ）。長期間独房に幽閉された上、接見に来る弁護人以外との接見が禁止され、家族の顔も見られない被告人の苦痛を理解しない捜査官や裁判官は、「もはや人間的感情を有しない動物」とさえいえるような気がする。

検察官は、このように、被告人が事実を否認する場合には、起訴後容易に保釈が認められない現実を被疑者に示し、早期自白をするよう仕向けるのである。このような「人質司法」が虚偽自白の温床であると言われるのは当然である。

5　架空の会合はどのようにしてでっち上げられたのか

本件で、警察がありもしない会合をでっち上げて住民に自白を迫った経緯は、結局明らかにならなかった。しかし、この事件を追跡調査した朝日新聞取材班の調査結果によると、概ね以下のような推測が可能になる。すなわち、

N氏が立候補したこの選挙区は、従前定員三人のところに候補者も三人で、無投票で当選者が決まっていた。そこに、新たにN氏が立候補したため、従前指定席であった選挙区が、一転して激戦区になった（結果的には、N氏が第三位で当選して、従前の県議一人が落選した）。一方、当時志布志地区の選挙違反取締本部長であった志布志署の署長（A署長）と、本件捜査を指揮する班長であったB警部は、選挙違反の検挙件数を上げれば評価が上がると考えて功を焦り、反対陣営（県議側）から流される怪しげな情報に飛びついて無理な捜査をしたのではないか、というのである（現に、本件捜査に関与した警

察官は、後刻県警本部長から表彰された）。

本件については、捜査を担当する捜査員の中にも、事件の存在自体を疑う良識派が複数名いて、ひそかに取材班に情報を提供していた事実が明らかになっている。捜査官の中にもこのような情報を提供する良識派がいたことは、第5回で紹介した二俣事件や第30回で紹介する大川原化工機事件を想起させるが、首脳部が、捜査会議において良識ある発言をした捜査員を次々に捜査から外した上、当初の目標に向かって驀進（ばくしん）・暴走した構図も二俣事件と酷似している。警察という組織の体質が、数十年経っても変わらないという現実は、われわれを戦慄・落胆させるに十分である。

近親者のメッセージを書いた紙を被疑者に無理やり踏ませた
——志布志事件（二）踏み字事件

【逮捕：二〇〇三（平成一五）年四月一四日（不起訴）】
［国家賠償請求訴訟］
・鹿児島地判平成一九年一月一八日判時一九七七号一二〇頁（原告一部勝訴）
［取調警察官に対する有罪判決］
・福岡地判平成二〇年三月一八日

次に、前回紹介した一連の志布志事件のうち、典型的な違法取調べが行われた「踏み字事件」を解説する。警察は、一連の選挙違反が行われたという想定の下、住民を次々に取り調べた。その最初の犠牲になったのがＫ氏である。Ｋ氏は、選挙翌日いきなり警察への同行を求められ、三日間にわたり、早朝から夜遅くまで厳しい取調べを受けた。身に覚えのないＫ氏に対し警察が強要したのが「踏み字」であった。

1　「踏み字事件」の捜査はどのように行われたのか

「踏み字」は、一連の志布志事件捜査の冒頭で行われた違法捜査である。鹿児島県議選の投票日翌日（二〇〇三〈平成一五〉年四月一四日）の朝、志布志署の捜査員が志布志でホテルを経営するＫ氏に「事情聴取の必要があるから」として警察への任意同行を求めた。後ろめたいところがないＫ氏は、深く考えもせず、言われるまま警察に同行した。ところが、警察に着くや否や、Ｋ氏は、「ビールを配っただろう」などといきなり警察官から怒鳴りつけられ、自白を求められた。要するに、同県議選で行われたと警察が想定した選挙違反事件の被疑者として厳しく追及されたのである。Ｋ氏が否認すると、「バカ、認めろ」などと怒鳴られ、当日は午後一一時ころまで厳しく取り調べられた。

翌日も、午前八時頃から取調べを受け、途中、気分が悪くなったＫ氏は、病院に連れて行ってほしいと頼み、ようやく近くの病院で注射を打ってもらったが、再び警察に戻され、午後九時半頃まで取調べが続いた。

三日目（四月一六日）も午前八時頃から取調べが開始されたが、Ｋ氏は、「もう話さない。弁護士を呼んでほしい」と宣言した。そうすると、Ｈ警察官は午後三時頃に至り、Ｋ氏の前の床にＡ四用紙三枚を置き、「これを見て反省しろ」と求めた。三枚の紙には

「お父さんはそういう子どもに育てた覚えはない」
「元警察官の娘をそういう男にやった覚えはない」
「沖縄の孫　早く正直なじいちゃんになってね」

などと書いてあり、K氏の父親、K氏の妻の父親、孫からのメッセージという体裁を取っていた。H警察官は、その後、K氏の足首をつかんで持ち上げ、それらの紙の上を強く踏ませた。その際、「親や孫を踏みつける、血も涙もないやつだ」とまで言ったとされている。

この日の取調べも午後九時半まで続き、翌日も午前八時頃警察が車で迎えに来たが、体調を悪化させていたK氏は、そのことを理由に同行を断り、その後二週間、病院に入院した。

その後、警察は、捜査の矛先を買収会合事件など他の事実に向け、多くの住民を逮捕したが、退院したK氏もこの事件の関係で再度取調べを受けた。そして、同年七月二四日、買収会合容疑で逮捕され、身柄拘束の上で取調べを受けたが、一貫して否認を続けたため、八月一三日に「処分保留」のまま釈放された。K氏は、後日（同年一二月二六日）不起訴処分を受けた。

2　国賠訴訟の経過と結果はどうであったのか

このようにして、K氏は、取調べを受けたビール供与事件及び買収会合事件について、いずれも最終的に起訴されるに至らなかったが、自分が受けた違法・不当な取調べにどうにも納得できなかった。そこでK氏は、弁護士と相談の上、違法な取調べを受けたことを理由に、翌二〇〇四（平成一六）年四月、県を相手に、金二〇〇万円の支払いを求めて国賠訴訟を提起したのである。

国賠訴訟は、次第にマスコミや国民の関心を集めるようになった。そして、鹿児島地裁民事部は、二〇〇七（平成一九）年一月一八日、県に対し原告に金六〇万円の支払いを命ずる判決（原告の一部勝訴判決）を言い渡した。判決は、取調べ中に警察が「踏み字」をさせたことを認め、「取調べ手法が常軌を逸し、公権力をかさに着て原告を侮辱する行為」により原告に甚大な精神的苦痛を与えたと明言した。この判決は、志布志事件の中心である買収会合事件の刑事判決の直前に言い渡されたが、県側は控訴することなく、勝訴判決はそのまま確定した。

3　取調べ警察官に対する処分はどうなったのか

K氏は、なおも追及の手を緩めず、勝訴判決直後に、踏み字を強要したH警察官を特別公務員暴行陵虐罪で告訴し、鹿児島地検から移送を受けた福岡高検は、同年九月一九日に同罪でH警察官を起訴した。H警察官は無罪を主張したが、福岡地裁は、翌二〇〇八（平成二〇）年三月一八日、同警察官に対し有罪判決（懲役一〇月執行猶予三年）を言い渡した。この判決に対し同警察官は控訴を申し立てたが、福岡高裁は、同年九月九日これを棄却し、有罪判決が確定した。

4　何が問題だったのか

K氏に対して三日間連続して行われた「任意取調べ」が、早朝から深夜にまで及び、国民の人権を無視するものであった点で違法評価を免れないことは、言うまでもない。そして、三日目に行われた「踏み字の強制」に至っては、驚くほかはない。「自分の親や孫から自分に宛てたメッセージ」が記載された紙を「足で踏め」と求めることは、キリシタン弾圧の目的でされた「踏み絵」を彷彿とさせる。それが、強制された者に対し精神的苦痛を与えるものであることは、国賠訴訟判決の言うとおりである。現代の日本で、そのような中世におけるキリシタン弾圧類似の捜査手法が現に行われたという事実は、まさに「衝撃的」としかいいようがない。

それだけでなく、その後の国賠訴訟やH警察官に対する刑事事件の経過から見ると、警察は、現に行った違法行為をできるだけ軽く見せるため種々の言い訳をし、それがある程度認められている。本件では、たまたま、K氏が不屈の闘志の持ち主であったからここまで闘うことができたが、普通の人間であれば、途中で諦めてしまうだろう。そして、警察は、そのことを見越して「やりたい放題」の捜査をしているともいえる。

警察がやりたい放題に無茶な捜査をしても、それがなかなか公然化しないのは、取調べが、第三者の立会のない密室で行われること（密室取調べ）が最大の原因である。弁護人の立会もない「密室内」で行われた行為について、被疑者・被告人側がいくら実情を訴えても、警察官がそんなことはないと証言すれば、裁判官はその証言をたやすく信用してしまう。このやり方が誤りであることについては、すでに、第5回二俣事件の「3　裁判官は捜査官の証言をなぜ盲信するのか―「宣誓神話」が生まれる理由」、第17回鹿児島の夫婦殺し事件の「3　何が問題なのか」で詳しく述べたので、ここでは繰り返さない。ぜひとも、これらの記述をご参照いただきたい。

◆第27回

知的障害を抱える被疑者（看護助手）が取調官に対し恋愛感情を抱いているのを利用して、事実に反する虚偽自白を誘導した
——湖東記念病院事件

【事件発生：二〇〇三（平成一五）年五月二二日】
・大津地判平成一七年一一月二九日（懲役一二年）
・大阪高判平成一八年一〇月五日（控訴棄却）
・最一小決平成一九年五月二一日（上告棄却）
［第二次再審請求］
・大津地決平成二七年九月三〇日判時二三八五号一一三頁（棄却）
・大阪高決平成二九年一二月二〇日判時二三八五号一〇一頁（取消し、再審開始）
・最二小決平成三一年三月一八日（特別抗告棄却）
・大津地判令和二年三月三一日判時二四四五号三頁（無罪）

本件も、正真正銘、二一世紀の冤罪事件である。さすがに、前回までの事件と異なり「拷問」は行われていないが、今回紹介する警察官の違法行為は、「供述弱者」の特性に付け込んだ悪質なものというほかない。

1　どのような事件だったのか

二〇〇三（平成一五）年五月、滋賀県東近江市にある湖東記念病院で、寝たきりの老人が心肺停止状態で発見され、間もなく死亡した。警察は、当初、「老人の喉に挿入されていた呼吸器のチューブが外れたのに看護師が気づくのが遅れた」という業務上過失致死事件として捜査していたが、後に、当夜の当直の一人であった看護助手西山美香さん（以下「美香さん」）から「自分が呼吸器のチューブを抜いた」という自白を得た。事件は、一転して殺人事件になった。

2　捜査はどのように行われたのか

当直責任者のA看護師は、当初、「自分が発見したとき、呼吸器のチューブが外れていた」と供述したが、最終的には「外れていたかどうかよく分からない」という供述に変わった。A看護師と行動を共にしていた美香さんは、チューブの状態を確認していなかった。また、チューブが外れていたとすれば必ず鳴るはずのアラーム音を聞いた者は、一人もいなかった。そのため、捜査は難航した。

しかし、軽い知的障害を抱える美香さんは、Y警察官の厳しい取調べによって「アラーム音を聞いた」と虚偽の供述をさせられ、その後、「自分がチューブを抜いた」と供述するに至る。そして、この自白に基づき、美香さんは殺人罪で起訴された。

3　裁判はどのように進行したのか

美香さんは、公判で犯行を否認したが、一審の大津地裁は、美香さんを有罪と認め懲役一二年に処した。美香さんの控訴・上告も棄却された。その後、美香さんは再審請求をしたが、地裁・高裁・最高裁ともすべて棄却された。そして、第二次再審請求も第一審の大津地裁では棄却された。ところが、即時抗告審の大阪高裁は地裁の決定を取り消した上で再審を開始し、これに対する検察官の特別抗告も棄却された。

そして、続く再審公判で、大津地裁は、美香さんに無罪判決を言い渡し、検察官が控訴をあきらめたので、美香さんは、逮捕から一六年ぶりに青天白日の身となった。

4　違法捜査の内容はどのようなものだったのか

問題とされるべき捜査官の違法行為は多数あるが（巻末参考文献②参照）、ここでは、「虚偽自白の誘導（誤導）」に関する本件の特異な経緯と、重要な証拠書類の隠匿について説明する。

（1）　虚偽自白の誘導（誤導）

本件における最大の争点は、「（被害者の喉に挿入されていた）呼吸器のチューブを自分が抜いた」という美香さんの自白の信用性である。

本件では、警察も、2で述べたとおり、当初、看護師がチューブの外れに気づくのが遅れたという

「過失」事件として捜査していたが、それにしても、チューブが外れれば必ず鳴るはずのアラーム音を聞いた者を発見できずにいた。そういう中で美香さんは、Ｙ警察官の厳しい取調べによって、「アラーム音を聞いた」旨供述させられてしまう。すると、Ｙ警察官はその後美香さんに優しく接するようになる。そして、軽い知的障害を抱える美香さんは、そのようなＹ警察官を自分の「理解者」であると感じ、恋愛感情さえ抱くようになった。

その後美香さんは、自分の供述によってＡ看護師が窮地に陥ってしまったことに責任を感じるとともに、Ｙ警察官の関心をつなぎ止めるために、「自分がチューブを抜いた」と虚偽の自白をしてしまう。しかし、チューブを抜いたら必ず鳴るはずのアラーム音を聞いた者が一人もいないという従前からの問題点は、依然として解決されないまま残っていた。

警察は、チューブを抜いた場合のアラーム音の鳴り方を調べ、「チューブを外しても即座に消音ボタンを押し一分経過しないうちに次々にボタンを押せば」アラーム音が鳴らない仕掛けになっている事実を突き止めた。そして、この事実を前提に、美香さんに対し、「消音ボタンを押すとともに、一分経過する前に更に押す行為を繰り返した」旨の虚偽自白を誘導し、その旨の詳細な自白調書を作成した。

Ｙ警察官もその上司も、美香さんがＹ警察官に好意を寄せていることを十二分に理解していて、この恋愛感情を利用したのである。Ｙ警察官は、公判廷で、「美香さんが私の手に触れる甘えた仕草をした」「美香さんが、起訴されたら話ができなくなるので寂しいと言って抱きついた」などの事実を、堂々と認めている。

（2）重要な捜査記録の不送致

起訴状では、被害者の死因は「急性低酸素状態」とされていた。

しかし、この死因には当初から疑問があった。確かに、検察官提出の解剖医N医師の鑑定書では、死因は「人工呼吸器停止、管の外れに基づく酸素供給欠乏」とされていた。しかし、呼吸器の管が外れていたかどうかに関するA看護師の供述は変遷していた上、先に述べたように、アラーム音を聞いた人物は発見されていなかった。さらに、被害者は、人工呼吸器で生存していた人物であり、チューブが外れなくても、痰（たん）の詰まりで呼吸停止に至ることは十分あり得たのである。そういう状況の中で、Y警察官は、N医師からの事情聴取において、「チューブ内での痰の詰まりにより、酸素供給低下で心肺停止したことも十分考えられる」という供述を得ており、その旨の捜査報告書（以下「N報告書」）も作成していた。しかし、警察は、このN報告書を含め、多数の証拠を検察官に送致していなかった。そのため、検察官はN医師のこの意見を知らず、もちろん裁判所も知らなかった。再審公判の段階でこのN報告書の存在を知った検察官は、無罪判決に対し控訴を断念した。

刑訴法二四六条は、警察が捜査をしたときは、速やかに書類及び証拠物を検察官に送致しなければならないと規定している。これは、起訴不起訴に関する検察官の処分は、捜査の結果収集した全ての証拠を総合してされるべきことを意味している。そういう意味で、起訴不起訴の判断に大きな影響を与えるはずのN報告書を検察官に送致しなかった警察の行為は、刑訴法のこの規定に明らかに違反する。警察の同様の行動は、他の事件でも往々にして見られるが、このような捜査慣行が冤罪発生の大きな一因であることは間違いない。本件における「N報告書未送致」の事実は、警察の組織的証拠隠匿工作の一環であると見られてもやむを得ないだろう。

5　裁判所の対応の問題点は何か

本件は、第二次再審の即時抗告審が問題点を的確に見抜いたため、美香さんは最終的に青天白日の身になることができた。そもそも、呼吸器のチューブが外れた場合に、すぐ非常ボタンを押し、一分以内に再び押せばアラーム音が鳴らない仕組みになっていることは、看護師でも知らない事実であった。看護助手で知的障害のある美香さんが、「その事実を知っていて、非常ボタンを一分毎に押し続けた」という想定には、もともと大きな無理があったのである。

最終的に美香さんの嫌疑が晴れたこと自体は喜ばしい。しかし、ことここに至るまでに美香さんが歩んだ途はまさに「茨の途」であった。警察が死因に関するN報告書を隠匿せず検察官に送致していたならば、美香さんはそもそも起訴されなかった可能性もある。それにも増して、確定審の裁判所が右に述べたような不合理を含む美香さんの自白を頭から信用してしまったことには、重大な問題があったというべきだろう。驚くべきことに、本件を審理した確定審以来第二次再審請求審までの裁判官合計二〇数名（最高裁判事及び最高裁調査官を含む）は、揃いも揃って、美香さんのこの不合理な自白を信用し、誤った結論に至ってしまったのである。

◆第28回

特捜検事が証拠物（フロッピーディスク）を改ざんした
――郵便不正事件（村木事件）

【起訴：二〇〇九（平成二一）年七月】
・大阪地判平成二二年九月一〇日判タ一三三九号三〇九頁（無罪）

ここに紹介するのは、比較的最近の（筆者にとっては「つい最近の」といってもよい）事件である。警察や検事がひどいことをしたのは昔のことで、まさかこの二一世紀の現代にそんなことがあるはずがない、と考えている人には、まさに衝撃的な事件である。

１　どのような事件だったのか

本件は、二〇〇九（平成二一）年六月に、当時、厚生労働省（以下「厚労省」）雇用均等・児童家庭局長の地位にあり、後に同省事務次官に上り詰めることになる村木厚子さんが全く身に覚えのない虚偽公文書作成・同行使罪の共謀共同正犯として起訴された事件である。まさに「二一世紀の冤罪事件」というほかない。

そもそも本件は、「凛の会」という偽の障害者団体が、「郵便料金割引を受ける団体である」旨記載された「厚労省社会・援護局障害保健福祉部企画課長発行名義の証明書」（虚偽の公文書）を使用して高額な郵便料金の支払いを免れていたことから始まる。この事実を探知した大阪地検は、捜査の結果、証明書を作成した厚労省係長K氏を二〇〇九（平成二一）年五月に逮捕した。そして、K氏は、厳しい取調べに耐え兼ね、（真実は自分の判断でしたことであったのに）当時同課課長であった村木さんに指示されてこの証明書を作成した旨の虚偽自白に落ちる。そして、捜査当局は、村木さんと凜の会会長（以下「会長」）が会ったことのある事実をつかむと、その線で周辺の男性関係者をも厳しく追及した。その結果、検察官は、①会長が、衆議院議員であるI氏（以下「I議員」）に働きかけて、「厚労省の証明書の偽造」（正しくは「虚偽公文書作成」）を依頼し、②その後、I議員が村木さんにこの依頼を伝え、村木さんがK氏に指示して実行させた、というストーリーを作り上げた。

　検察官の主張によれば、①会長がI議員に依頼したのが、二〇〇四（平成一六）年二月二五日、②I議員が村木さんにこれを伝え村木さんがK氏に実行させたのは、同年六月上旬とされていた。

2　裁判はどのように進行したのか

　村木さんは、捜査でも公判でも一貫して事実を否認したため容易に保釈を認められず、勾留期間は実に一六四日もの長期間に及んだ。自白した他の関係者は早期に保釈されたが、公判では、全員前記ストーリーに沿う捜査段階での自白を翻して村木さんとの共謀を否認する供述に転じたため（K氏は別途分離裁判）、公判は一挙に緊迫した。

　検察官の筋書きが崩れたのは、被告人側に開示された記録の中に、「K氏のパソコンのフロッピーディスクでは、問題の虚偽文書の作成日時が二〇〇四年六月一日一時一四分三二秒、最終更新日時が二〇〇四年六月一日一時二〇分〇六秒」であった旨の捜査報告書が存在したことによる。検察官は、村木さんがK氏に文書作成を指示したのは「六月上旬、具体的には六月八日から一〇日の間」であったと主張していたから、一日の午前一時二〇分にK氏が文書の作成を完了していたとすると、ストーリー全体が崩れてしまう。

一日の午前一時二〇分にK氏が文書の最終更新を終了していたとすると、「六月上旬」に村木さんがK氏に虚偽公文書の作成を指示したという検察官の主張は、どう考えても成り立たない。しかも、検察官の主張では、会長は、二〇〇四年二月二五日に、I議員を事務所に訪ねて口添えを依頼したとされていたが、I議員の手帳の記載等によって、肝心の二月二五日に、I議員が千葉のゴルフ場にいたことも判明したのである。

こういうことになっては、「六月上旬に村木さんが部下のK氏に虚偽公文書の作成を指示した」という検察官のストーリーは根底から崩壊せざるを得ない。このようなことから、村木さんには無罪判決が言い渡された。

3　瀬戸際で得られた無罪判決

このように見てくると、無罪判決は得られるべくして得られたように見える。しかし、実際はそうでなく、本件は危ういところで冤罪を未然に防ぎ得た事案であったのである。

無罪判決を獲得できた最大の理由は、村木さんが、膨大な開示書証の中から、問題の捜査報告書を発見したことである。指摘されれば、虚偽文書の作成日時が「六月一日午前一時すぎ」であることが本件において重大な意味を持つことは誰にでも理解できる。しかし、開示された膨大な書証の中に、そのように、検察官の主張と根本的に矛盾する書証があることは誰も予想していないから、うっかりすると、弁護人といえども、この捜査報告書の意味を必ずしも正確に理解できるとは限らない。もっとも、本件の弁護人は、無罪判決を多数勝ち取った経験のあるきわめて有能な弁護士（「無罪請負人」こと弘中惇一郎弁護士）であったから、まさかこれを見逃すことはなかっただろう。しかし、「上手の手から水がもれる」ことも、「絶対にあり得ないこと」ではない。そういう意味で、自らこれを発見して弁護団に報告した村木さん自身の功績は絶大であったというべきだろう。さらに言えば、検察官がこのように、自身の主張と明らかに矛盾する書証の開示に応じたこと自体が、村木さんにとって僥倖であった。捜査を担当する検察官と公判を担当する検察官の連絡が不正確であったことが、無罪判決に結びつく直接のきっかけとなったのである。

4　主任検事が証拠物であるフロッピーディスクを改ざんしていた

問題は無罪判決で終わらなかった。その直後に、主任検事であった前田検事が、ひそかにフロッピーディスクのプロパティを改ざんして最終履歴を六月八日にしてしまっていた事実が発覚したのである。前田検事は、フロッピーディスクの更新記録が検察官の主張と合わないことに苦慮した挙げ句、これを検察官の主張に合うように、ひそかに改ざんしてしまっていた。もちろん、これは、検察官として許されるはずのない「れっきとした犯罪行為」である。しかし、さすがの前田検事も、これを証拠物として裁判所に提出するまでの勇気はなく、捜査の終了とともに、K氏に返還していた。そのため、検察官の主張と物的証拠（捜査報告書）との齟齬を弁護人側が指摘することができ、ひとまずことなきを得たのであるが、もし、検察官がこの改ざんされたフロッピーディスクを前提として主張・立証していたとすれば、村木さんが無罪判決を得ることはきわめて難しかったはずである。恐ろしいことといわなければならない。

検察官が無罪判決に対する上訴を検討している最中に、マスコミ報道からフロッピーディスク改ざんの事実が発覚し、検察官は上訴を断念した。そして、その後、前田検事は、フロッピーディスクの改ざん（証拠隠滅罪）により、また、その上司である特捜部長と同副部長が、前田検事の改ざんを知りながらかばったという犯人隠避罪により、それぞれ逮捕・勾留の上起訴された。

前田検事に対する懲役一年六月の実刑判決はそのまま確定し、特捜部長、同副部長についても、一・二審の執行猶予付き有罪判決が確定している。

5　なぜこのようなことが起こるのか

根底に「密室取調べと人質司法」の問題があることは明らかである。取調室内でされるやりとりは、外部からはうかがい知ることができない。取調官は、圧倒的な力で相手をねじ伏せる。村木さんは、このことを、プロボクサーとアマチュアがレフェリーのいないリングでいきなり戦わされることにたとえるが、適切な表現である。

検察官は、密室内の取調べによって、自らの描いたストーリーに沿う自白調書を作成する。しかし、物証がどうしても自白に合わない場合、検察官は、物証自体に手を加えたくなるのである。

法曹として高い知性と教養を持つはずの検察官が証拠物に直接手を加えるというのは、確かによくよくのことであり、そうたびたびあることではないと信じたい。本件が発覚した直後、「まさか検察官が、……」という声が聞こえたことは事実である。

しかし、「検察官も検察官である前に一人の人間である」という事実を忘れてはならない。「一人の人間である」ことを前提として考えれば、捜査が当初の見込み通りに進展しない場合に、「誰にもばれないように証拠物に小細工してしまいたい」と考える心理は、決してそれほど「理解困難な心理」ではないというべきではないか。

最後に、この種の問題に関するマスコミの役割の重要性について一言する。松川事件の諏訪メモもマスコミ報道を端緒に発覚したが、本件において検事による物的証拠の改ざんという前代未聞の犯罪を白日の下にさらしたのもマスコミの力であった。もしこのマスコミ報道がなかった場合には、村木さんに対する無罪判決に対し検察官が控訴を申し立て、最終解決までになお長年月を要した可能性も否定できない。権力の違法行使に対するマスコミのチェック機能の重要性を改めて認識させられる。

◆ 第29回

巨額（二〇億円超）の業務上横領事件の取調べに当たった検察官が、共謀への加担を否認する被疑者の有罪証拠を取得する目的で、共犯者と目された部下Kや取引の中間に介在したYを長時間にわたって取り調べた上、机を叩き長時間大声で怒鳴り続けるなどの違法取調べを行って虚偽自白をさせた
――プレサンス元社長冤罪事件

【起訴：二〇一九（令和元）年一二月二五日】
・大阪地判令和三年一〇月二八日（無罪）
［国家賠償請求訴訟］
・大阪地判令和五年九月一九日判時二五八二号五八頁（提出命令事件第一審）
・大阪高決令和六年一月二二日（提出命令事件即時抗告審）
［付審判請求訴訟］
・大阪地決令和五年三月三一日（付審判請求棄却）
・大阪高決令和六年八月八日（付審判請求認容）

本件は、第30回で紹介する大川原化工機事件と同様、平成の終わり頃の被告人の行動が令和の初めにかけて捜査・起訴された最も新しい冤罪事件の一つである。大阪地検特捜部は、いわゆる郵便不正事件（村木事件、第28回）において、物的証拠の改ざんに手を染めたことなどで厳しい批判を浴びたが、本件は、その同じ大阪地検特捜部検事によって行われた違法捜査事件である点で深刻な問題を提起する。しかも、本件においては、郵便不正事件を契機に制度化された「取調べの可視化措置」により、検察官

の取調べは実際に録音・録画されていた。本件における検察官の違法取調べは、そのような中にあって平然と行われた点でも衝撃的である。

1　どのような事件だったのか

本件の事実関係はかなり複雑であるので、以下においては、本稿の目的に必要な限度で、事実関係を簡略化して紹介する。

本件で共謀責任を追及されたのは、当時、東証一部上場の不動産デベロッパー「株式会社プレサンスコーポレーション」（以下「プレサンス」）の代表取締役社長であった山岸忍氏である。同氏は、この大会社を一代で築き上げたことで、「業界で著名な人物」であった。

ところで、山岸氏の部下Ｋは、大阪市内の学校法人Ｍ学院（以下「Ｍ学院」）が郊外へ移転しようとしているのを知って、この学校跡地（以下「本件土地」）をマンション用地としてプレサンスが取得することを山岸氏に上申した。この案は、種々の事情で中断・難航したが、最終的に、中間にＹの経営する不動産管理会社を介在させ、また山岸氏が個人資金一八億円を拠出するという条件で実現することになった。山岸氏は、Ｋ、Ｙらの説明により、自分の拠出する一八億円がＭ学院の移転準備費用として使用されるもので、実質的にはＭ学院に貸し付けられるものと理解し了承したのである。

ところが、その後種々の事情により、一八億円は、Ｍ学院の理事長職を取得しようとしていたＯ女史に貸し渡され、同女史は、結局、この資金を用いて理事長の地位を手に入れた。そして、Ｏ女史は、同学院の理事長としてプレサンスとの間で本件土地の売却契約を締結し手付金二一億円を受領するや、二〇一七（平成二九）年七月頃、これを自分の個人債務の弁済としてＹに送金し、そのうち一八億円が山岸氏の手に渡った。

2　本件の争点は何か

Ｏ女史は、Ｍ学院とプレサンスとの本件土地売却契約の手付金として二一億円を受け取りながら、これを山岸氏に対する自分の個人債務の弁済等に充ててしまったので、同女史について、その時点で業務上横領罪の実行正犯が成立することは疑いない。また、山岸氏に取引を上申した部下Ｋや中間に介在したＹも、①一八億円がＭ学院にではなくＯ女史に貸し付けられることを知っており、②Ｍ学院が受け取った手付金（二一億円）をＯ女史が自分の借金（山岸氏に対する一八億円の債務を含む）の返済に充てることを了承していた以上、共犯の責を免れない。しかし、もし山岸氏が、上記①②の事実を知らず一八億円がＭ学院に貸し付けられたと信じていたのであれば、同氏に業務上横領罪の共犯が成立する余地はない。このように、本件においては、Ｙに渡した一八億円の具体的使途（Ｍ学院にではなくＯ女史に貸し渡されたこと）を山岸氏が知っていたかどうか等が、決定的に重要な争点となったのである。

3　捜査はどのように進行したのか

大阪地検特捜部は、上記土地取引に関する一連の動きに疑問を抱き、Ｏ女史に資金を提供した山岸氏が横領の黒幕に違いないとの見立ての下に、二〇一九（令和元）年秋頃捜査を開始した。そして、山岸氏のほかＫ、Ｙなど関係者多数を任意で取り調べた後、同年一二月初旬、三名を逮捕・勾留して取り調べるに至った。4記載の三名に対する取調べは、その中で行われたものである。

検察官は、取調べの結果、山岸氏、Y、Kの三名をO女史による業務上横領罪の共犯として起訴した。

4　どのような違法捜査が行われたのか

(1)　共犯者Y、Kに対する取調べ

YもKも、当初は、「山岸氏に対し、一八億円はM学院に渡されその移転準備費用に使用される予定であると説明した」と供述していた。しかし、この供述を虚偽と信じる検察官は、連日・長時間にわたり両名を厳しく追及した。

まず、Yに対しては、「山岸氏の関与がないとするとお前は実行行為者Aと同等の重い刑責を負うことになる」という趣旨のことを申し向けて自白を迫り、結局「山岸氏に対し『一八億円をM学院にではなくO女史に貸した』と説明した」という検察官調書の作成に応じさせた。また、Yがその後この自白を撤回すると述べたけれども、検察官は調書の作成を拒絶した。

Kに対する取調べはさらに激しい。右手で机を叩いて大きな音を出し、一五分間も大声で怒鳴り続け、五〇分にもわたり一方的に攻め続けた上、「ふざけるな」「なめんなよ」「二〇億、二〇億じゃすまない。それを背負う覚悟で話しているのか」などと威圧的言動で厳しく自白を求め、その結果、Yと同趣旨の検察官調書に署名させた。

このように、検察官のY、K両名に対する取調べは、連日・長時間に及んだだけでなく、具体的な取調べ方法としても、明らかに許される限度を超えるものであった。

（2）山岸氏に対する取調べ

山岸氏を取り調べた女性検事は、おおむね和やかな雰囲気で取調べを行っており、共犯者K、Yに対する取調べと比較する限り問題はないように見える。しかし、同検事は、あたかも山岸氏の立場に同情しているかのように振舞い、「認めれば執行猶予の可能性がある」とも受け取れる言動で自白をしきりに勧めている。本件のような巨額の業務上横領罪が認定された場合、一八億円の提供者である山岸氏に対し執行猶予が言い渡される可能性は極めて乏しいと思われるので、女性検事の取調べも、やはり不当なものであったというほかない。

5　公判はどのように進行したのか

公判において、検察官は、Y、Kの証人尋問により山岸氏の共謀への加担を立証しようとした。

Yは、4（1）記載の検察官調書とは異なり、公判廷では「山岸氏にはO女史に貸すとは説明していない」と証言した。そのため検察官は、Yの検察官調書を、刑訴法三二一条一項二号所定の「特に信用すべき状況の下に作成された書面」として申請した。しかし、本件については、取調べ可視化の措置により、4記載のような検察官の厳しい取調べ状況が録音・録画されていた。弁護人がこの可視化記録の取調べを請求してその一部が取り調べられた結果、裁判所は、このような取調べによって作成された検察官調書は「特に信用すべき状況の下に作成された書面」とはいえないとして、その取調べ請求を却下した。

他方、Kは、公判廷においても捜査段階の供述を維持して山岸氏の共謀への加担を認める趣旨の証言をした。しかし裁判所は、Ｋの取調べ状況に関する可視化記録を取り調べた後、Ｋの証言は信用性に疑問が残るとして、公判証言の信用性を否定した。

以上の結果、山岸氏の共謀への加担を認める証拠がなくなり、裁判所は、同氏に対し無罪判決を言い渡した。検察官は控訴を断念し山岸氏の無罪判決は第一審限りで確定した。

6　取調べが可視化されているのに、なぜ違法・不当な取調べが行われたのか

本件において、被疑者の取調べ状況がＤＶＤに録音・録画されているのを意に介さず、検察官は、４記載のような違法・不当な取調べを平然と行った。その理由については想像するほかないが、以下のような推測が可能である。

すなわち、これまでの裁判実務においては、本件のような取調べをしていても、検察官調書は「任意性に疑いがない自白調書」として（相被告人の場合は、「刑訴法三二一条一項二号所定の特信性ある書面」として）証拠採用されるのが「ごく普通の取扱い」であった。それは、被告人が公判廷で「自白は嘘です。取調官にこんなひどいことを言われたのでやむなく嘘の自白をしたのです」と弁解しても、取調官が証人として「そんなことは言っていません。私はただ諄々とことわりを説いて説得しただけです」という趣旨の証言をすると、裁判所は、「宣誓していない被告人の供述より宣誓している取調官の証言の方が信用できる」と考えて被告人の弁解を排斥するのが通常であったからである（「宣誓神話」本書四六頁参照）。このような実務に慣れ親しんだ検察官が、録音・録画を意に介することなく、これまでと同じ感覚でＹ、Ｋらを取り調べたということは十分あり得ると思われる。

本件は、取調べが可視化された事件においては、取調官の証言がこれまでのようには通用しなくなる事実を実証した。そういう意味で、本件が今後の実務に与える影響は小さくない。しかし、取調べの可視化の現状については、なお多くの問題が残されている。この点については後に触れる。

7　長期間の身柄拘束はなぜ回避できなかったのか

山岸氏は、逮捕後合計二四八日という長期間にわたる身柄拘束を受けた。起訴後数回に及んだ保釈請求がことごとく却下されたからである。

山岸氏は、上記のとおり、東証一部上場会社の現役バリバリの社長であった。そのような社長が身柄拘束を受けた場合、企業イメージはそのことだけで著しくダウンする。現に本件においても同社の株価は社長逮捕の直後から大暴落し、このままでは企業の存続も危惧される状態になった。しかし、それにもかかわらず、裁判所は検察官の「強硬な反対意見」に引きずられるかのように、保釈請求を却下し続けた。山岸氏がようやく保釈されたのは身柄拘束後八か月余りが経過した時点であり、その間に同氏は、自ら生み育てた優良企業（プレサンス）の社長を辞任し、所有する株式のすべてを手放し同社の経営から完全に離脱せざるを得なかったのである。

確かに、カルロス・ゴーン事件▼1においては、保釈後被告人が海外に逃亡するという衝撃的な展開があった。しかし、ゴーン氏のようにプライベート・ジェット機で海外に逃亡できる被告人は滅多にいない。裁判所が「羹《あつもの》に懲りて膾《なます》を吹く」ようなことがあってはならないだろう。そもそも「逃亡のおそれ」は権利保釈の除外事由とされていないのである。

▼1　当時、ルノー・日産・三菱アライアンスの社長であったカルロス・ゴーン氏が金融商品取引法違反などの容疑で起訴されその後保釈されたが、二〇一九（令和元）年一二月にプライベート・ジェット機により国外に逃亡した事件。

検察官は、意見書の中で罪証隠滅のおそれを強調するが、本件のように取調べが可視化されている事案において、取調べが正常に行われている限り、厳格な保釈条件をかいくぐって口裏合わせによる罪証隠滅を図ることは、言うべくして困難なことである。検察官が保釈に強く反対するのは、保持する証拠に十分な自信を持てないこと、ひいては、取調べ状況に弱みがあることを自覚していることの証左であるという推測さえ可能なように思われる。

本件とほぼ同時期に摘発された東京の「大川原化工機事件」（第30回）では、警察の誤った見込みで身柄拘束の上起訴された被告人らが、やはり容易に保釈されなかった。しかも、そのうちの一人は、勾留中に胃がんを発病し遂には死亡するという最悪の事態に至った。

他方、本件においても、犯行を自白したK、Yは早期に保釈されている。犯行を自白すれば早期に保釈され否認する限り容易に保釈されない現状は、「人質司法」として厳しく批判されている▼2。世界の大勢からみても、わが国における保釈実務の現状については、根本的に考え直すべき時期に来ているように思われる。

▼2　「人質司法」の問題については、高野隆『人質司法』（角川新書、二〇二一年）が重大な問題提起をしている。

8　「可視化」について残された問題は何か

本件において検察官から開示された「取調べの可視化資料」（取調べ状況の録音・録画記録）は、取調べが連日・長時間にわたって行われた関係で膨大なものになった。K、Yの取調べ時間は、いずれも七〇時間前後に及んでいる。このような長時間の取調べ状況を、多忙な弁護人が全員で映像を逐一確認することは、本件のように、複数の実力派弁護士が集って弁護団を結成している事案でも事実上不可能であった。結局弁護団は、若手弁護士が手分けして取調べ状況を文字化した上で、「違法取調べが行われている映像を文字で探す」という方法を採らざるを得なかった。しかし、文字化の作業にも膨大な時間と労力が必要であり、また、「（文字化した）紙の検索」自体も容易な作業ではない。

今後は、このような連日にわたる長期間・長時間の取調べを許すわが国の実務のあり方自体について、その当否が根本的に検討されるべきであり、「取調べにおける弁護人の立会の制度化」を急ぐ必要があると思われる▼3。

▼3　小坂井久編『取調べの可視化　その理論と実践――刑事司法の歴史的転換点を超えて』（現代人文社、二〇二四年）は、取調べの可視化の問題点を網羅的に検討した労作である。

9　冤罪を生まないために

本件においては、不十分ながら制度化された「取調べの可視化」に加え、山岸氏の強靭な体力・精神力と有能な弁護団の活動、さらには、山岸氏がこのような弁護団を維持できる資力の持ち主であったという幸運が重なって、辛うじて「第一審無罪判決」を得、これを確定させることができた。しかし、これらの幸運の一つでも欠けていれば、果たして無罪判決まで到達できたか、疑問が残る。

取調官が自己の見立てに固執してやみくもに自白を求める取調べ方法は、根本的に改められるべきである。本件においても、山岸氏の無罪を示唆する有力な客観的証拠（山岸氏宛の説明資料として作成された「三月一七日付スキーム書面」など）が存在した。検察官が、自己の当初の見立てに捉われることなく、これら客観的証拠に素直に向き合っていれば、本件について山岸氏が無罪であることを、早期に見抜けたはずである。本件の取調官は、自分たちが立てた見立てに固執し、それから外れる証拠をことさらに無視してしまったように思われてならない。

郵便不正事件後、「検察の在り方検討会議」の提言（二〇一一〈平成二三〉年三月三一日）を受けた検察庁は、同年九月二八日の検察長官会同において「検察の理念」を策定した。そこでは、種々の提言と並んで、「あたかも常に有罪そのものを目的とし、より重い処分の実現自体を成果とみなすかのごとき姿勢となってはならない」旨指摘されている。この提言は、今こそ重く受け止められるべきである▼4。

▼4　本件でK、Yに対し前記4（1）記載の厳しい取調べをした検察官に対しては、過日、大阪高裁により、刑法一九五条所定の特別公務員暴行陵虐罪による付審判決定がされた（大阪高決二〇二四〈令和六〉年八月八日）。同決定によると、この検察官の行為は同条所定の「凌辱若しくは加虐の行為」に当たるというのである。この検察官は、今後被告人として大阪地裁で刑責を問われることになる。本決定は、今後の検察官の取調べに重大な影響を与えると思われる。

噴霧乾燥器の性能に関する被疑者の反論をまともに取り上げないまま無許可輸出罪が成立すると即断して起訴したが、その後の捜査により、被告人の弁解が否定できないと判明し第一回期日直前に起訴を取り消したなど
——大川原化工機事件

【起訴：二〇二〇（令和二）年三月三一日】
・東京地決令和三年八月二日（公訴棄却）確定
［国家賠償請求訴訟］
・東京地判令和五年一二月二七日判時二五九六号七〇頁（原告一部勝訴）（双方控訴）

本件は、第29回で紹介したプレサンス元社長冤罪事件と同様、平成の終わり頃から令和の初めにかけて捜査が行われた最新の冤罪事件である。違法捜査の内容は、かつてのような「暴力の行使」を伴うものではないものの、捜査機関の一方的思い込みによって事件自体がねつ造されたという点で、まことに衝撃的な事件である。

1　どのような事件だったのか

本件で身柄拘束の上起訴されたのは、噴霧乾燥器▼1の設計・販売等のリーディングカンパニーである大川原化工機株式会社（以下「本件会社」）の社長O氏、取締役S氏及び顧問A氏の三人である。同

社は、自社製品の噴霧乾燥器を中国向けにも輸出していた。警視庁公安部は、この輸出が「経済産業省（以下「経産省」）の許可を要するのにそれを潜脱するもの」ではないかという見立ての下に、執拗な捜査の末、三人の身柄を拘束し二回にわたり起訴したのである。しかし、検察官は、結局第一回公判の直前（四日前）に起訴を取り消さざるを得なくなり、本件は「公訴棄却決定」により決着した。

▼1　液体または液体・固体の混合物を気体中に噴霧して急速に乾燥させると乾燥粉体が得られる性質を利用して製造された器械。以下、最初に捜査対象とされた機種を「噴霧乾燥器1」と、後に捜査対象とされた機種を「噴霧乾燥器2」といい、両者を一括して「本件噴霧乾燥器」という。

しかし、顧問Ａ氏は、身柄拘束中に発症した胃がんについて十分な治療を受けられないまま死亡するという最悪の結果になっていた。他方、社長Ｏ氏と取締役Ｓ氏は、一年近く（一一か月）に及ぶ身柄拘束を受け、会社も甚大な損害を受けた。Ｏ氏らが提起した国家賠償請求訴訟では、警察の捜査と検察官の取調べ、勾留請求及び公訴提起が違法と判断されたが、被告側（国と都）が控訴し原告も控訴したので、最終的には未だに決着していない。

2　捜査はどのように行われたのか

生物・化学兵器の拡散を防止する目的で、かねて、それらの兵器に転用できる噴霧乾燥器の輸出を規制する国際合意（ＡＧ合意）▼2が成立し、わが国もこれに参加していた。そしてわが国でも、この合意を受けて関係法令▼3が改正され、噴霧乾燥器のうち一定の要件を満たすものについては、その輸出に経産省の許可を必要とすることになった。本件で問題とされた要件は、省令の定める要件イロハのうち「ハ　定置した状態で内部の滅菌又は殺菌をすることができるもの」（以下「要件ハ」）というものである。そして、この要件ハにつき、主管官庁である経産省の通達（以下「解釈通達」）は、「物理的手法（例えば、蒸気の使用）あるいは化学物質の使用により当該装置から全ての生きている微生物を除去あるいは当該装置中の潜在的な微生物の伝染能力を破壊することができるもの」をいうとの解釈を示していた。

▼2　イラン・イラク戦争で化学兵器が用いられたことから、オーストラリアの提唱により「化学兵器不拡散」という目的で成立した国際組織で、その後生物兵器も規制の対象とされた。合意の内容は強制力を持たないが、各国は、合意された品目について輸出管理を実施している。

▼3　外国為替及び外国貿易法（外為法）、輸出貿易管理令（輸出令）、輸出貿易管理令別表第一及び外国為替管理令別表の規定に基づき貨物又は技術を定める省令（本件省令）

ところで、警視庁公安部（以下「公安部」）は、二〇一七（平成二九）年五月頃、本件会社が製造して中国向けにも輸出していた噴霧乾燥器がこの要件を満たす疑いがあるとみて捜査を開始した。公安部は、噴霧乾燥器のユーザーや他のメーカー、さらには大学教授からの意見聴取等により、病原性微生物のうち「芽胞▼4を形成しないもの」（大腸菌やペスト菌等）は、一〇〇度前後の乾熱で死滅させることができるなどの意見を把握した。

以上の結果を踏まえ、公安部は、経産省の主管課である「貿易管理課」▼5と一三回にわたる打合せを行った結果、要件ハについて、「乾熱によって病原菌等有害な菌のうちいずれか一種類でも死滅させることができれば」要件ハにいう「内部の滅菌又は殺菌をすることができるものに該当する」という独自の解釈に基づいて捜査を進めることとした（以下、この見解を「警視庁解釈」という）。

公安部は、この警視庁解釈に基づき、「本件噴霧乾燥器1を付属のヒーターで空焚きすれば、大腸菌など一部の細菌を殺菌できるというデータ」を作成して貿易管理課に送付し▼6、同管理課から「添付資料を前提とすれば、本件噴霧乾燥器は要件ハに該当すると思われる」という回答を引き出した。その上で、公安部は、大川原化工機に対する強制捜査（捜索差押え）を実施し、さらにO氏、S氏、A氏の三人を含む従業員五〇名に対する任意取調べを多数回にわたり執拗に繰り返した（O氏は四〇回、関係者全体では三〇〇回に近い）。検察官は、その後上記三人の身柄を拘束して起訴し（二〇二〇〈令和二〉年三月三一日）、さらに別のタイプの噴霧乾燥器2を韓国に輸出した件についても、三人を同様に起訴するに至った（同年六月一五日）。

▼4　一部の細菌が形づくる、極めて耐久性の高い細胞構造。胞子膜、皮層、芯部からなり、胞子膜の外側に外皮を持つものもある。

▼5　正式には、「経済産業省貿易経済協力局貿易管理部安全保障貿易管理課」、以下「貿易管理課」という。

▼6　新聞報道によると、公安部は、貿易管理課に提出した実験資料の中から、空焚きしても温度が上がらない部分があることを示すものをことさらに除外していたという新たな疑惑も浮上している（毎日新聞二〇二四年二月一四日一面、三面）。

3　裁判はどのように進行したのか

弁護人は、三人の身柄釈放を求めて繰り返し保釈の請求をしたが、検察官は強硬な反対意見を述べ、裁判所も却下を続けた。かくするうち、二〇二〇〈令和二〉年九月末頃A氏の体調が悪化し、一〇月一日には「胃の悪性腫瘍」の発症が確認されたが、それでも保釈は却下された。弁護人は、やむなく勾留執行停止の決定を得て同月一六日A氏を順天堂大学附属病院に入院させたところ「胃がん」と診断された。しかし、それでもなお保釈は許可されず、A氏は、勾留執行停止状態のまま手術を受けざるを得なかった。体調不良発覚後約四か月を経過した二〇二一（令和三）年二月七日、A氏は死亡した。

他方、O社長とS取締役は、A氏死亡の二日前にようやく保釈が許可されたが、関係人との接触禁止の条件が付せられていたため、A氏を見舞うことも葬儀に出席することもできなかった。

その後、両名の事件については、令和二年一〇月末から同三年五月までの間に八回の打合せ期日が持たれ、公判期日や公判前整理手続期日も指定された。しかし、検察官は、これらの期日の変更を求め、さらにようやく指定された公判期日の直前（四日前）に、突然本件各公訴（起訴）を取り消した。取消しの理由は、「本件噴霧乾燥機が規制対象物件であることの立証が困難と判断された」というものである▼7。その結果、本件は裁判所の「公訴棄却決定」により終局した。

どうにも収まらないのは、O社長、S氏及びA氏の遺族である。社長らは、国家賠償請求訴訟を提起し、二〇二三〈令和五〉年一二月二七日一部勝訴の判決を得たが、被告国と都が控訴したため原告らも控訴することになり、争いはまだ最終的には決着していない。

▼7　公判立会検察官が、公判前整理手続の段階で、弁護人提出の実験資料に接し自らも実験をした結果、弁護人の立証を崩すことができないと判断した結果である。

4　どのような違法捜査が行われたのか

(1)　被疑者らの弁解にまともに取り合わなかった

本件においては、「噴霧乾燥器1、2が輸出の規制物件であるかどうか」が唯一最大の争点であった。本件噴霧乾燥器が「輸出規制物件に当たる」といえるためには、これらが、関係法令（輸出令及び本件省令）の定める要件ハ（すなわち、「定置した状態で内部の滅菌又は殺菌をすることができるもの」）に該当するといえなければならない。しかし、この要件ハの定義自体に問題があり、2に記載した警視庁解釈には、少なくとも二点において重大な疑問を容れる余地があった▼8。しかし、これらの疑問を指摘する国賠訴訟原告の主張は、いずれも判決で排斥されているので、以下においては、ひとまずこれを措くこととする。

判決が重視した最大の問題は、被疑者らが、「乾熱（機器の空焚き）によっても、装置内の細菌を一種類でも全滅させることはできない」と反論したのに、捜査機関がこの反論をまともに取り上げなかったことである。任意取調べに応じた複数の本件会社従業員（本件噴霧乾燥器の設計を担当したA氏を含む）は、「本件噴霧乾燥器の内部には構造上熱風が通り抜けないため温度が上がりにくい箇所があるので、完全な殺菌はできない（はずである）」と供述した。しかし、公安部警察官は、これら供述をまともに取り上げることなく、指摘された箇所の温度測定実験も行わなかった。それだけでなく、噴霧乾燥器1についてはA氏らの上記供述について供述調書も捜査報告書も作成しなかった（同2については供述調書を作成した）。そして、事件送致を受けた検察官も、温度測定実験をすることなくこの供述に理由がないものと速断して、勾留請求及び公訴提起をしてしまった。

▼8　要件ハは、「滅菌又は殺菌できるもの」と定めているが、「滅菌」はともかく「殺菌」は、日本薬局方にも定義がない曖昧な概念である。これは、AG合意に定める「disinfected」という言葉を翻訳したものであるが、「disinfected」は、もともと「消毒」（すなわち、化学薬品を用いて細菌の感染力を消滅させること）を意味するもので、警視庁解釈が想定したような「乾熱を用いて菌を死滅させる」ものを想定したものではなかった。経産省は、上記解釈通達において、要件ハを明確化するべく「物理的手法（例えば、蒸気の使用）あるいは化学物質の使用により当該装置から全ての生きている微生物を除去あるいは当該装置中の潜在的な微生物の伝染力を破壊することができるもの」という解釈を示したが、却って「乾熱により菌を死滅させるものも規制の対象になる」という警視庁解釈に論拠を与えることになってしまった。

他方、警視庁は、この解釈通達の趣旨をa「機器装置内の特定又は不特定多数の病原菌等有害な菌を全て死滅させること」と解釈することとしながら、要件ハについては、b「滅菌又は殺菌の対象は、本件省令……で規定された細菌のうち特定の一種類でもよい」という解釈を導いた（本文2参照）。しかし、このような解釈は、AG合意やそれを前提とした「要件ハ」からはもちろん、経産省の前記通達からもそう簡単に導き出せるものではない。

刑事事件では、検察官が公訴事実全体を「合理的な疑いを超え」て立証することが求められる。本件においては、噴霧乾燥器を製造した会社の複数の関係者（上記のとおり、設計担当のA氏を含む）が、

「空焚きによっても機器内の特定の細菌を全滅させることはできない」という趣旨の具体的供述をしていた。ところが捜査官は、この反論にまともに取り合うことなく、「本件噴霧乾燥器を使用した実験によってその主張の真否を確かめる」という基本的捜査をしなかった。これは常識上理解し難い捜査手法であり、後記5のような推測に結びつくものである。

（2） S取締役の誤解に乗じて不利益事実を認める供述調書に署名押印させた

公安部の見解によっても、「殺菌」といえるためには、装置内の細菌を、「（一種類でよいにしても）全滅させる」ことが必要であった。しかし、取調官は、殺菌概念が曖昧でS取締役がそのことを理解していないのに乗じて、あたかも特定の細菌が少しでも死ねば殺菌に当たるものと誤解させ、「本件各噴霧乾燥器が要件ハに該当すると認識していた」という趣旨の供述調書に署名押印させてしまった。

（3） S取締役の弁解録取書作成に当たり、被疑者の修正要求に従った修正をしたふりをして、不利な事実を認める趣旨の書面に署名させるなどした

公安部警察官は、S取締役を逮捕した後の弁解録取に当たり、弁解録取書（以下、弁解録取書のことを「弁録」といい、作成の順序に従って「弁録1」「弁録2」「弁録3」という）を事前に作成していた。ところがその弁録1には、「O社長、A顧問から指示されていた『非該当で輸出する』との方針に基づき」という、S氏の主張とは異なる記載がされていた。そこで、S氏はその点に異を唱え、「ガイダンスに従って許可の要らないものと考え輸出した」と書き換えるよう要求した。すると警察官は、パソコ

ンを操作してあたかもS氏の要請どおりに修正したように装った上で、新たな弁録2を作成した。しかし、この弁録2には、現実には「社長らと共謀して無許可で輸出した」旨記載されていた。S氏は、示された弁録2は当然自分が求めたとおり修正されているものと考えて内容を確認することなく署名指印したが、署名後改めて確認すると、自分の求めとは異なる文面になっていることを知って強く抗議した。その結果、警察官は、その文言を削除した新たな弁録3を作成し、S氏はこれに署名した。その結果、本件については、同一の事実に関する弁録が二通作成される結果となった。しかし、警察官は、その後弁録2をシュレッダーにかけて廃棄してしまった（警察官は「過失で裁断した」旨弁解したが、国賠判決によって排斥されている）。

以上のような警察官の措置は、被疑者の弁解録取という重要な場面における「にわかに信じられない重大な違法行為」である。国賠判決がこれを「違法」と断じたのは当然である。弁録2を廃棄した点について「シュレッダーにかけたのは過失である」とする警察官の弁解に至っては、まさに「噴飯モノ」というほかない。警察は、本件に関する警察段階の取調べが可視化の対象外であるのを利用して、平然と違法な捜査を行ったものと考えざるを得ない。

5　公安部はなぜこのような無理な捜査をしたのか

本件の捜査は、上記のとおり「無理に無理を重ね」て行われた。二一世紀の日本の捜査機関が、このように「事件自体のねつ造」までしたという事実は、一般にはにわかに信じられないことであろう。しかし、これは紛れもない現実であり、まことに恐ろしい事態といわなければならない▼9。もっとも、国賠訴訟段階ででではあるが、本件の捜査に従事した複数の警察官の中から、原告側の証人として証言台に立ち「ねつ造ですね」と断言する者が現れたという事実は、唯一の救いである。

▼9　本件と同様に、存在しない事件をねつ造して起訴した事案としては、志布志事件（第26回）がある。郵便不正事件（第28回）を含め、近年、この種の冤罪事件が増加しているように見えるのは、まことに憂慮すべきことである。

このように、公安部が「捜査官の目から見ても無理」な捜査を強行した理由は、公安部外事課の幹部職員が自らの職域を拡大して栄進したいという欲望から「功を焦った」ことにあるのではないかと想像されている。しかし、警察にそういう行き過ぎがあったにしても、検察官が安易にそれに同調してしまったのはなぜなのか。証人として呼ばれた主任検察官は「無理な捜査はしていない。同じ状況であればまた同じ判断をする」旨、平然と言い放ったと報道されている。一部の警察官の目から見ても無理に思えた捜査が、検察官の目には不自然でなかったとすれば、問題の根は相当深いといわなければならない。

6　身柄拘束について裁判所に反省すべき点はないか

本件で被告人らが刑責を追及された外為法四八条一項違反の罪は、法定刑が「七年以下の懲役又は七〇〇万円以下の罰金又はその併科」という、それなりに重い罰則を伴う罪ではある。しかし、すでに述べたとおり、法令（政令及び省令）によって定められた同罪の構成要件は、抽象的で多義的な解釈を容れる余地があった。そういう曖昧な刑罰法規を適用して犯罪を摘発する場合には、捜査機関はもちろん、人権保障の最後の砦である裁判所には、一段と慎重な姿勢が求められるはずである。

本件について、裁判所が、被告人らの身柄拘束を安易に認め、その後一年近くにもわたって保釈請求を却下し続けた点は、強く批判されなければならない。特に、A氏が体調を崩し、拘置所内で悪性腫瘍が発見されたのに、裁判所が遂に保釈を許可しなかった点は、重大な人道問題というべきである。

「人質司法」の問題点については、プレサンス元社長冤罪事件（第29回）でも指摘したので繰り返さないが、この種の事案に関する長期間の身柄拘束について、裁判所は、あまりにも被告人の人権を軽視しているのではないか、というのが筆者の率直な感想である▼10▼11。

▼10　本件については、新聞（一般紙）がかなり詳しく報道しているが、映像の世界でも、NHKが三回にわたり特集番組を組んで詳しい解説をしている。

▼11　本件のような事件を前にして考えると、警察の取調べについて「裁判員裁判対象事件以外は可視化されていない現状」に大きな問題があるといわざるを得ない。なお、検察官による取調べの違法を理由として国家賠償請求が認められた最新の事例として東京地判令和六年七月一八日（令和四年(ワ)第五五四二号、江口弁護士事件）がある。

違法捜査と冤罪――まとめにかえて

最後に、本文中で種々指摘してきたことについて簡単なまとめを行うこととしたい。

1　「違法捜査と冤罪」の現状

本書で取り上げた事件について見ると、違法捜査による冤罪事件の圧倒的多数（過半数である一五件）が新刑訴法施行直前から昭和三〇年までの一〇年足らずの期間（第一期）に集中している。当時は、第二次世界大戦後の混乱が未だ収まらず重大犯罪も多発した時代である。しかも、新刑訴法が施行された直後は、捜査機関も裁判所もその運用に慣れていなかった。そういう意味で、この時代に、違法捜査による重大冤罪事件が多発したことは理解できる。なお、この時代には、本書では取り上げなかったが「権力による謀略をうかがわせる事件」（例えば、いずれも無罪判決が確定した菅生事件、辰野事件、青梅事件、芦別事件等）が多発していることも注目される。

第二期以降になると、第一期と比べ冤罪の実数は減少している。しかし、第二期「六件」、第三期「一〇件」というこの数字は、必ずしも実体と完全には一致していないと思われる。なぜなら、冤罪であることが明らかであるのに、未だに裁判所が冤罪と認めていない（したがって、本書で取り上げなかった）重大事件が相当数存在するからである。例えば、狭山事件（一九六三〈昭和三八〉年、無期）、名張事件（一九六一〈昭和三六〉年、死刑）、大崎事件（一九七九〈昭和五四〉年、懲役一三年）、福井事件（一九八六〈昭和六一〉年、懲役七年）、飯塚事件（一九九二〈平成四〉年、死刑）、恵庭事件（二〇〇〇〈平成一二〉年、懲役一六年）などである。特に、名張事件、福井事件、大崎事件の三件は、一旦は再審開始決定が出されたのに（大崎事件では、何と三度も）、その開始決定が検察官の上訴によって覆されるという経過を辿っている。

違法捜査に基づく重大な冤罪事件は、決して過去のものではない。特に、比較的最近、平成・令和の時代になってさえ、この種の冤罪事件がかなりの頻度で発生し、中には、志布志事件や大川原化工機事件のように事件自体をねつ造するという、新しいタイプの冤罪が加わっている事実に、改めて注目する必要がある。

2　違法捜査の実態

次に、どのような違法捜査が行われてきたかを見てみると、一番多いのは、自白獲得をめぐる違法である。これには、①自白獲得の前提となる身柄拘束に関する違法捜査（嫌疑のない被疑者を令状なしに警察に強制連行すること、軽微な別件を理由に逮捕・勾留した上、重大な本件について、長期間にわたり取り調べることなど）と、②取調べにおける拷問ないし追及的な取調べによる虚偽自白の獲得などが含まれる。①と②は、いずれも二〇件を超えており、多くの場合重なり合う。特に、第一期においては、過半数の事件で拷問ないしこれに類する取調べが行われている。

そしてさらに恐ろしいのは、プレサンス元社長冤罪事件（第29回）において、取調べが録音・録画されているのを意に介さず、違法な取調べが堂々と行われた事実であろう。

次に注目すべきなのが、物的証拠ないし記録に関する作為である。物的証拠への作為の方法は、偽造・ねつ造・すり替え・改ざん・隠滅（廃棄）・隠匿など多種多様であり、中には、『秘密の暴露』があったように見せるため物的証拠を作り出したもの」（幸浦、財田川）もある。この種の違法が、合計すると実に二〇件を超える事件で行われており、中でも死刑台から生還した五人の事件（免田、財田川、松山、島田、袴田）についてもそれが行われていたという現実は、まことに深刻である。われわれは、「捜査機関は、いざとなれば、物的証拠を隠匿・廃棄し、場合によっては平然と改ざん・ねつ造する」という事実を、過去の事例からしっかりと学び取ることが必要である。本書冒頭で紹介した袴田事件の再審無罪判決が、有罪認定の唯一の（しかも決定的な）物的証拠とされた五点の衣類などにつき「捜査機関によるねつ造」であると明確に指摘した事実は極めて重い。

さらに、アリバイ潰しに関する違法捜査（八件）、偽証罪の不適切な適用（五件）も深刻である。被疑者のアリバイ主張に沿う供述をする参考人を捜査機関が厳しく取り調べて供述を変更させたり、公判廷で被告人に有利な証言をした人物を偽証罪で安易に逮捕したりするなどは、絶対に許されるべきではない。

鑑定をめぐる違法（五件）にも注目する必要がある。捜査機関が不適切な鑑定を誘導することは、もちろんあってはならない。これは当然のことである。しかし、他方、「科学者」と称される人たちの中に、権力に平然と迎合・追従し、事実に反する結果をあたかも科学的真実であるかのように述べる人がいるのは、恐ろしいことである。裁判所は、そういう「（えせ）科学者」が現実に存在することを肝に銘じておく必要がある。

3　弁護人の問題

冤罪の形成に弁護人が手を貸しているケースがあることも、明らかになった。弁護士会の協力により当番弁護士制度が導入され、それを契機として、刑訴法に起訴前の国選弁護人制度が規定されたのは、比較的最近のことであって（初めて、殺人等の重罪事件に限って導入されたのは二〇〇六年）、それまでは、捜査段階に弁護士が介入することはほとんどなかった。そのため、起訴後選任される（国選）弁護人が、被告人の主張を理解しないまま公判に臨み、被告人に十分な無罪主張をさせないまま有罪判決を受けさせた事案がある。

例えば、布川事件では、弁護人が公判直前まで被告人と接見しておらず、その言い分をろくに理解できていなかった。足利事件では、否認した被告人に対し、公判廷でそれを撤回させようとまでした。松橋事件の国選弁護人は、否認しようとした被告人に対し「否認するなら私選弁護人を選任してもらいたい」などと申し向けた。氷見事件の弁護人は、当番弁護士として被疑者時代の被告人と接見し、捜査段階で否認していたことを知りながら、絶望してした被告人の自白に疑問を抱かず、公判で「自白事件」としての弁護しかしなかった。

ただ最近は、弁護力の充実が目ざましい。今回新たに補充した第29回プレサンス元社長冤罪事件、第30回大川原化工機事件などは、捜査段階からの充実した弁護活動が見事に結実した実例である。

4　裁判所の責任

さらに重大なのは裁判所の責任である。裁判所は、冤罪を阻止するための責任を負う唯一にして最終の国家機関である。それなのに、従前の例を見る限り、裁判所は冤罪阻止のために十分な役割を果たして来なかったといわざるを得ない。

問題となる裁判所の行動としては、以下のような点が挙げられる。

①　自白及び共犯者自白の過信（自白や共犯者自白のあるほぼすべての事件）
②　宣誓神話の盲信（幸浦、小島、二俣、鹿児島）
③　違法捜査を指摘しない、拷問を明確に認めない（ほぼすべての事件）
④　頼りない情況証拠だけで有罪認定（甲山、平野）
⑤　別件起訴後の勾留場所を代用監獄に変更することに同意（布川）
⑥　あまりにもひどい人質司法（志布志、郵便不正、プレサンス元社長、大川原化工機）
⑦　起訴された別件について公判期日を指定しながら、検察官の「差し支え」の申出を受けて取り消し、長期間、未指定のまま放置（仁保）
⑧　「着衣に血痕が付着していない」という法医学鑑定を無視（松山）
⑨　着衣から血痕反応が得られないことを「水洗いした」などの不合理な供述調書によって合理化（免田、島田、松山）

⑩　凶器（ナイフ）の柄に血痕付着がなく、刃からも血痕反応がなかった点を「柄にシャツの切れ端を巻き付け、この切れ端は焼却した。刃の部分は自宅で研いだ」という不合理な供述調書で合理化（松橋）

裁判所は、自らのこういう態度が、これまで多くの冤罪を生んできた事実を率直に認めるべきである。そしてその上で、今後は、「自白の任意性・信用性に関する判断を厳格」に行い、情況証拠による認定の場合は、「平野母子事件で示された最高裁の規範に忠実に従う」ようにしてほしい。そうでなければ、冤罪は未来永劫になくならないであろう。

5　法の不備

一連の再審冤罪事件を検討した結果、再審に関する現行刑訴法の規定（以下「再審法」）には重大な欠陥のあることが明らかになった。

第一は、現在の法律では、「検察官の証拠隠し」を阻止できないことである。現行法上、通常の裁判において、検察官は、収集したすべての証拠を裁判所に提出することを義務づけられておらず、有罪立証に役立つ最善の証拠（ベスト・エビデンス）を提出すればよいことになっている。そのため、被告人側に有利な証拠が捜査官の手許に眠ったまま有罪判決が言い渡されることがままある（松川事件の諏訪メモや松橋事件のシャツ切れ端、袴田事件における五点の衣類のカラー写真やネガ、日野町事件の引当捜査報告書貼布写真のネガなどが典型的な例である）。再審裁判の段階に至って、弁護人が検察官に対し手持ち証拠を見せるように求めても、検察官は容易に応じない。かくして、再審裁判では、「手持ち証拠を見せよ」「見せない」というやりとりが延々と続くことになるが、行司役に当たる裁判官が煮え切らない態度を取ると、訴訟は際限もなく長期化してしまう。本年（令和六年）に至ってようやく再審無罪判決が言い渡された袴田事件は、事件発生後、実に五八年という気の遠くなるほどの長年月を要した。この事実自体が再審法の不備を明確に示唆するものというべきであろう。

第二は、ようやく再審開始決定が得られても、検察官がこれに対し不服（即時抗告、異議、特別抗告）を申し立てることが認められていることである。そして、検察官が不服を申し立てると、それをめぐってさらに審理は長期化する。本文中で紹介した多くの事件でも、現に検察官の不服申立てがあり、一旦出された再審開始決定が取り消された場合が少なくなく、仮に取り消されなくても救済が遅れている（例えば、袴田事件では、再審開始決定に検察官が即時抗告したため、再審公判が九年遅れた）。検察官には、再審公判で無罪判決が出された場合これに控訴することが認められている以上、再審開始決定にまで不服申立ての途を残す必要はない。現に、最高裁判例（最一小決昭和五二年八月二五日）は、準起訴請求（付審判請求）に対し、裁判所が審判に付する旨の決定をした場合について、「審判に付された被告事件の訴訟手続において」、違法の主張をすることができるという理由によって、特別抗告を不適法としている。再審開始決定に不満のある検察官は、再審公判において開始決定の誤りを主張・立証することができる以上、この判例の趣旨に従う限り、現行法上も検察官の上訴を不適法とする理屈は十分成り立つはずである。

第三は、再審請求事件をどういう手続で審理すべきかの規定が刑訴法上ないに等しいことである。通常の公判事件の審理方法については、刑訴法二七一条以下に詳しい規定があるが、再審事件の審理方法について、刑訴法は実質的に何も規定していない。そこで、裁判所は、その事件を平然と放置することもできるし（長引かせているうちに転勤してしまえば、決定しないですむ）、何の事実調べもしないまま書面審理だけで棄却することもできてしまう。第一で記載した証拠開示問題についても、判断を示さないまま再審請求を棄却することができてしまうのである。これでは、冤罪を救済する手続としてあまりにも不備ではないか。再審請求事件の審理手続についても、最低限の法的規制が必要であることは明らかである。

◆参考文献

袴田事件

・袴田事件弁護団編『はけないズボンで死刑判決：検証・袴田事件』（現代人文社、二〇〇三年）

・矢澤昇治『袴田巌は無実だ』（花伝社、二〇一〇年）

・山本徹美『袴田事件　再審決定！：冤罪・強盗殺人事件の深層』（プレジデント社、二〇一四年）

・浜田寿美男『袴田事件の謎：取調べ録音テープが語る事実』（岩波書店、二〇二〇年）

・尾形誠規『〔完全版〕袴田事件を裁いた男：無罪を確信しながら死刑判決文を書いた元エリート裁判官・熊本典道の転落』（朝日新聞出版、二〇二三年）

・木谷明「袴田事件訴訟をめぐる二つの重大な問題点と今後の課題」判例時報二五六六号五頁

〔第一章〕　昭和23年から同30年まで（一九四八〜一九五五）

第1回　幸浦事件

・清瀬一郎『拷問捜査：幸浦・二俣の怪事件』（日本評論新社、一九五九年）

・佐藤友之・真壁旲『冤罪の戦後史：つくられた証拠と自白』（図書出版社、一九八一年）

・大野正男『裁判における判断と思想：判決分岐点の追究』（日本評論社、一九六九年）

第2回　免田事件

・熊本日日新聞社『完全版　検証・免田事件』（現代人文社、二〇一八年）
・免田栄『死刑囚の手記』（イースト・プレス、一九九四年）
・同『免田栄　獄中ノート：私の見送った死刑囚たち』（インパクト出版会、二〇〇四年）
・菅野良司『冤罪の戦後史：刑事裁判の現風景を歩く』（岩波書店、二〇一五年）
・日本弁護士連合会編『続・再審』（日本評論社、一九八六年）

第3回　弘前大学教授夫人殺し事件

・鎌田慧『弘前大学教授夫人殺し事件』（新風舎、二〇〇六年）
・青地晨『魔の時間：六つの冤罪事件』（社会思想社、一九八〇年）
・田中輝和『刑事再審事由の判断方法』（信山社出版、一九九六年）
・新屋達之「誤判事件とその公判：弘前事件を素材に」『現代の法と政治：立正大学法学部創立十周年記念論集』立正大学法学部編（日本評論社、一九九二年）

第4回　松川事件

・『最高裁判所判例解説刑事篇　昭和三四年度』（法曹会、一九六〇年）
・『最高裁裁判所判例解説刑事篇　昭和三八年度』（法曹会、一九六四年）
・東京地判昭和四四年四月二三日判時五五七号三頁
・東京高判昭和四五年八月一日判時六〇〇号三二頁
・広津和郎『新版　松川裁判』（木鶏社、二〇〇七年）

第5回　二俣事件

・清瀬一郎『拷問捜査：幸浦・二俣の怪事件』（日本評論新社、一九五九年）
・菅野良司『冤罪の戦後史：刑事裁判の現風景を歩く』（岩波書店、二〇一五年）

第6回　小島事件

・佐藤友之・真壁昊『冤罪の戦後史　つくられた証拠と自白』（図書出版社、一九八一年）
・朝日新聞社編『無実は無罪に：再審事件のすべて』（すずさわ書店、一九八四年）
・大野正男『裁判における判断と思想：判決分岐点の追究』（日本評論社、一九六九年）

第7回　財田川事件

・矢野伊吉『財田川暗黒裁判』（立風書房、一九七六年）
・鎌田慧『死刑台からの生還：無実！財田川の三十三年』（立風書房、一九八三年）
・鎌田慧『死刑台からの生還』（岩波書店、二〇〇七年）

第8回　梅田事件

・青地晨『魔の時間：六つの冤罪事件』（社会思想社、一九八〇年）
・林晴生『梅田事件：冤罪の構図』（旺文社、一九八七年）

第9回　八海事件

※この事件に関する文献はおびただしい数に上る。以下においては、その中で特に重要と思われるもの

を厳選して掲げる。

① 「八海事件十八年」刊行委員会編『八海事件十八年：死刑と無罪の谷間』（労働旬報社、一九六九年）

② 家永三郎ほか編『正木ひろし著作集Ⅱ八海事件』（三省堂、一九八三年）（正木ひろし弁護士の代表的著作『裁判官：人の命は権力で奪えるものか』『検察官：神の名において、司法殺人は許されるか』『八海裁判：有罪と無罪の十八年』の三著のほか、第一次・第三次上告審に対する各上告趣意書、第一次差戻判決後の第二次控訴審における弁論要旨、その一部としての鑑定書批判意見書を収録）

③ 藤崎晙『八海事件：裁判官の弁明』（一粒社、一九五六年）、同『証拠：続八海事件』（一粒社、一九五七年）

第10回　白鳥事件

・日本弁護士連合会編『再審』（日本評論社、一九七七年）
・渡部富哉『白鳥事件　偽りの冤罪』（同時代社、二〇一二年）
・山田清三郎『白鳥事件』（新風舎、二〇〇五年）
・大石進『私記　白鳥事件』（日本評論社、二〇一四年）

第11回　米谷事件（青森の老女殺し事件）

・日本弁護士連合会編『再審』（日本評論社、一九七七年）

第12回　徳島ラジオ商殺し事件

・里見繁『冤罪　女たちのたたかい』（インパクト出版会、二〇一九年）
・渡辺倍夫『徳島ラジオ商殺し事件：真実を求めて三十年』（木馬書館、一九八三年）

・秋山賢三『裁判官はなぜ誤るのか』（岩波書店、二〇〇二年）
・瀬戸内晴美・富士茂子『「恐怖の裁判」徳島ラジオ商殺し事件』（読売新聞社、一九七一年）
・稲木哲郎『裁判官の論理を問う』（朝日新聞社、一九九二年）

第13回　島田事件

・白砂巌『雪冤　島田事件：赤堀政夫はいかに殺人犯にされたか』（社会評論社、一九八七年）
・伊佐千尋『島田事件：死刑執行の恐怖に怯える三四年八カ月の闘い』（新風舎、二〇〇五年）

第14回　仁保事件

・上野裕久『仁保事件：別件逮捕と拷問』（敬文堂出版部、一九六九年）
・播磨信義『人権（いのち）を守った人々：仁保冤罪事件、支援者の群像』（法律文化社、一九九三年）
・播磨信義『仁保事件救援運動史：命と人権はいかにして守られたか』（日本評論社、一九九二年）
・佐藤博史「青春の仁保事件」、佐藤久ほか「仁保事件について」『微笑の勝利：仁保無罪を導いた一主婦の歩み』（故小沢千鶴子さん追悼文集刊行委員会編、一九八一年）

第15回　松山事件

・藤原聡・宮野健男（共同通信社）『死刑捏造：松山事件・尊厳をかけた戦いの末に』（筑摩書房、二〇一七年）

〔第二章〕　昭和31年から昭和の終わりまで（一九五六〜一九八九）

第16回　布川事件

・日弁連人権擁護委員会　布川事件委員会編『冤罪と闘った四四年：再審布川事件の記録』（二〇一二年、株式会社プリコ）

・伊佐千尋『舵のない船　布川事件の不正義』（一九九三年、文藝春秋社　新装版は二〇一〇年、現代人文社）

・布川事件弁護団編『崩れた自白：無罪へ』（二〇〇七年、現代人文社）

・塚越豊『布川事件・櫻井昌司の獄中日記　土芥寇讎超記　二九年幽閉された青年の心の軌跡』（二〇一七年、文藝春秋社）

・桜井昌司『CDブック獄中詩集　壁のうた：冤罪布川事件　無罪の二九年・魂の記録』（二〇一一年、高文研）

第17回　鹿児島の夫婦殺し事件

・『最高裁判所判例解説刑事篇　昭和五七年度』（法曹会、一九八六年）

・木谷明『事実認定の適正化：続・刑事裁判の心』（法律文化社、二〇〇五年）

・宮下正昭『予断　えん罪高隈事件』（筑摩書房、一九八八年）

第18回　甲山事件

・松下竜一『記憶の闇　甲山事件〈一九七四→一九八四〉』（河出書房新社、一九八五年）、（『松下竜一　その仕事〈二〇〉　記憶の闇』（同、二〇〇〇年）にも収録）

・丹治初彦・幸田律『ドキュメント　甲山事件』（市民評論社、一九七八年）
・上野勝・山田悦子『甲山事件　えん罪のつくられ方』（現代人文社、二〇〇八年）
・山本登志哉『生み出された物語：目撃証言・記憶の変容・冤罪に心理学はどこまで迫れるか』（北大路書房、二〇〇三年）
・浜田寿美男『証言台の子どもたち：「甲山事件」園児供述の構造』（日本評論社、一九八六年）

第19回　日野町事件

・吉屋行夫『白い波：冤罪　滋賀・日野町強盗殺人事件』（光陽出版社、二〇〇四年）
・日本弁護士連合会人権擁護委員会編『21世紀の再審：えん罪被害者の速やかな救済のために』（日本評論社、二〇二一年）

第20回　松橋事件

・三角恒「松橋事件再審開始決定に関する弁護人の考察」判例時報二三六八号一三四頁
・齊藤誠「松橋事件再審請求　もうすぐ（三月二八日）、無罪判決の予定」法と民主主義五三六号二〇頁

｛第三章｝平成の最初から現在まで（一九八九〜）

第21回　足利事件

・菅家利和・佐藤博史『訊問の罠：足利事件の真実』（角川書店、二〇〇九年）
・菅家利和『冤罪：ある日、私は犯人にされた』（朝日新聞出版、二〇〇九年）

・下野新聞社『冤罪足利事件：「らせんの真実」を追った四〇〇〇日』（下野新聞社、二〇一〇年）
・日本弁護士連合会『「足利事件」調査報告書』（二〇一一年）
・最高検察庁『いわゆる足利事件における捜査・公判活動の問題点等について』（平成二二年）
・警察庁『足利事件における警察捜査の問題点等について』（平成二二年）

第22回　東住吉事件

・青木惠子『ママは殺人犯じゃない：冤罪・東住吉事件』（インパクト出版会、二〇一七年）

第23回　東電女性社員殺害事件

・石田省三郎『「東電女性社員殺害事件」弁護留書』（書肆アルス、二〇一三年）
・読売新聞社会部『東電OL事件：DNAが暴いた闇』（中央公論新社、二〇一二年）
・神山啓史編著『五・七・五で伝える刑事弁護：その原点と伝承』（現代人文社、二〇一九年）

第24回　氷見事件

・木谷明「氷見国家賠償等請求事件判決について」判時二二六一号一二頁（判例時報社、二〇一五年）

第25回　平野母子殺害事件

・『最高裁判所判例解説刑事篇　平成二二年度』（法曹会、二〇一三年）

第26回　志布志事件（一）買収会合事件

・朝日新聞鹿児島総局『「冤罪を追え」：志布志事件との一〇〇〇日』（朝日新聞出版、二〇〇八年）
・日本弁護士連合会編『えん罪　志布志事件　つくられる自白』（現代人文社、二〇〇八年）
・朝日新聞「志布志事件」取材班『虚罪：ドキュメント志布志事件』（岩波書店、二〇〇九年）
・木村朗・野平康博　編著『志布志事件は終わらない』（耕文社、二〇一六年）

志布志事件（二）踏み字事件

・朝日新聞鹿児島総局『「冤罪を追え」：志布志事件との一〇〇〇日』（朝日新聞出版、二〇〇八年）
・日本弁護士連合会編『えん罪　志布志事件　つくられる自白』（現代人文社、二〇〇八年）
・朝日新聞「志布志事件」取材班『虚罪：ドキュメント志布志事件』（岩波書店、二〇〇九年）
・木村朗・野平康博　編著『志布志事件は終わらない』（耕文社、二〇一六年）

第27回　湖東記念病院事件

①井戸謙一「湖東記念病院事件が問いかけるもの」判例時報二三八五号一二二頁
②井戸謙一「湖東記念病院再審請求事件を闘って」判例時報二四四五号二七頁

第28回　郵便不正事件（村木事件）

・村木厚子『日本型組織の病を考える』（角川書店、二〇一八年）
・村木厚子・江川紹子『私は負けない：「郵便不正事件」はこうして作られた』（中央公論新社、二〇一三年）

・大坪弘道『勾留百二十日　特捜部長はなぜ逮捕されたか』（文芸春秋、二〇一一年）
・朝日新聞取材班『証拠改竄：特捜検事の犯罪』（朝日新聞出版、二〇一一年）

第29回　プレサンス元社長冤罪事件

・山岸忍『負けへんで！：東証一部上場企業社長 vs 地検特捜部』（文芸春秋、二〇二三年）
・西愛礼「プレサンス元社長冤罪事件」『冤罪白書二〇二三』（燦燈出版、二〇二三年）
・西愛礼「冤罪の構図：プレサンス元社長冤罪事件（第一回～第三回）」（季刊刑事弁護一一一号～一一四号）
・秋田真志「プレサンス事件での可視化媒体の取扱いをめぐる理論上・実務上の諸問題」（季刊刑事弁護一一一号）
・中村和洋「特捜部検事取り調べの特別公務員暴行陵虐罪該当性及び付審判決定の判断基準：プレサンス元社長冤罪事件における大阪地裁決定を題材として」（季刊刑事弁護一一七号）

第30回　大川原化工機事件

・青木理「町工場 vs 公安警察：ルポ大川原化工機事件」（世界二〇二二年三月号）
・粟野仁雄「大川原化工機冤罪事件：国賠判決（上）（下）」（狭山差別裁五四三号、同五四四号）
・「大川原正明社長インタビュー」「亡くなった大川原化工機元幹部の妻A子さんインタビュー」（狭山差別裁判五四四号）
・二〇二四年二月一四日付け毎日新聞、同月一七日付東京新聞
・ＮＨＫスペシャル（①二〇二三年九月二七日、②同年一二月二三日、③二〇二四年二月一八日）

第二版 あとがき

筆者はすでに八六歳、間もなく八七歳に達する高齢者である。頭の働きがだいぶ頼りなくなってきたことも自覚している。他方、本書の旧版には、いくつかの誤りが発見されていた。筆者は、せめてその誤りだけでも訂正する機会を得たいと思っていたところ、図らずも出版社から「改訂」の申出をいただいた。

その結果、紆余曲折を経ながらも、編集部（特に、担当の武田彩さん）の全面的な応援の下、何とか「第二版」の刊行にこぎつけることができた。「旧版の誤りの絶滅を期す」という最低限の目的に加え、最新の冤罪事件二件、さらには六〇年越しに再審無罪判決が確定し冤罪「袴田事件」を組み込むことができたのは、何とも嬉しいことである。「袴田事件」の再審無罪判決によって、冤罪問題・再審問題に社会の注目が集まることになったこの時期に、本書の「第二版」を世に問うことができたのは、筆者にとって、まさに「望外の幸せ」というほかない。

ところで、今回の袴田事件の再審無罪判決について、畝本検事総長が「控訴しない理由」について述べた談話（ネットで検索）について、ここで一言しておく。

談話を端的に要約すれば、「原判決が、五点の衣類を警察のねつ造と断じた上、検察もそれを承知で関与したとしたのは誤りであり、到底承服できない。しかし、裁判所の判断が分かれて審理が長期間に及んでいることを考慮しやめておく」ということに尽きる。そこには、再審無罪判決で指摘された捜査の違法（少なくとも、反論の余地のない「無理な取調べと虚偽自白獲得」）などに関する真摯な反省は一切見られない。その上、再審の審理が長期化した理由として、検察官が証拠の開示に長期間応じてこなかったこと、さらには、捜査の初期段階で、巖氏を犯人視する報道（血染めのパジャマ問題）が垂れ流された点などに対する反省も全く述べられていない。また談話は、今後「審理が長期間に及んだことなど」について検証を行うとしているが、違法捜査の有無に関する検証をするとは述べていない。検察がこのように自浄作用のない国家機関である限り冤罪はなくならないように思われてならない。まことに「残念至極」というほかない。

　最後に、本書が、冤罪とその原因となる違法捜査の絶滅、さらには「裁判所の優柔不断な態度との絶縁」に、少しでも役立つことを祈念しつつ筆を置くこととする。

二〇二四年一〇月一一日

初版　あとがき

本書は、二〇一八年から二〇二一年にかけて日本評論社のウェブマガジン「Ｗｅｂ日本評論」（http://www.web-nippyo.jp）に毎月連載した小論「捜査官！　その行為は違法です。」を取りまとめて再構成したものである。

二〇一八年夏、筆者は、不注意による転倒事故の結果、腰椎圧迫骨折という大けがをし、秋になっても深刻な痛みに悩まされていた（症状が容易に改善しないところから、一部では「再起不能説」までささやかれていたようである）。そのような状況を心配された日本評論社の串崎浩氏は、筆者に対し、「自宅にいても執筆可能な小論をウェブ上に連載されてはどうか」という提案をしてくださった。「何とかもう一度前線へ戻りたい」という希望を捨てきれなかった筆者は、この提案に飛びつき、かねて検討したいと考えていた「違法捜査と冤罪」にテーマを絞ることにした。以上のような経緯で開始されたのが、本書のもとになった連載である。

連載開始後、過去の冤罪事例を学べば学ぶほど、次の二点を強烈に意識せざるを得なくなった。それは、①冤罪事件のほとんどは、捜査官の違法行為が原因となっていること、②さらに深刻なことは、冤罪の最終的原因である捜査官の違法行為を容易に認めない裁判所の優柔不断な態度にあることである。

筆者は、執筆が進むにつれ、せっかくここまで冤罪原因を明らかにし得た以上、やはり書籍にまとめておくべきではないかと考えるに至った。そして、串崎氏は、筆者のそのような気持ちを見通してでもおられたかのように「書籍化」の提案をされた。本書は、以上のような経緯を経て誕生したのである。

ウェブマガジンでの連載は、もともとは、広く一般読者を意識して開始したものである。しかし、冤罪は、法曹にとって（警察官にとっても）撲滅すべき共通の、そして最大の敵である。二一世紀の刑事司法に携わる者が、新刑訴法施行直後の混乱期の誤り（または、それに類する誤り）を繰り返すようなことは、絶対に許されない。冤罪事件に取り組む後輩諸君には、本書の記述から問題解決のヒントをできるだけ多く発見してもらいたいと思う。その結果、本書が冤罪撲滅のため多少とも役に立ってくれれば、これ以上の喜びはない。

連載が進むにつれて、あれほどしつこかった後遺症がいつしか軽快し、かなりの行動ができるようになったことも、ありがたい副産物であった。現在の体調であれば、「以前と同様に」とまでは無理にしても、いましばらくの間、刑事司法の在り方に目を光らせて行くことができそうである。

末筆ながら、筆者に対し本書刊行の貴重な機会を提供してくださった串崎氏と、注意力低下の甚だしい高齢の筆者を助けて種々適切なアドバイスをくださった編集部の武田彩さんに、この場を借りて深甚の謝意を表させていただく。

二〇二一年九月一二日

木谷　明（きたに・あきら）

1937年生まれ。1963年に判事補任官。最高裁判所調査官、浦和地裁部総括判事などを経て、2000年５月に東京高裁部総括判事を最後に退官。2012年より弁護士。

著書に、『刑事裁判の心―事実認定適正化の方策』（新版、法律文化社、2004年）、『事実認定の適正化―続・刑事裁判の心』（法律文化社、2005年）、『刑事裁判のいのち』（法律文化社、2013年）、『「無罪」を見抜く―裁判官・木谷明の生き方』（岩波書店、2013年）など。

Web 日本評論　https://www.web-nippyo.jp/　にて連載

違《い》法《ほう》捜《そう》査《さ》と冤罪《えんざい》　捜《そう》査《さ》官《かん》！　その行《こう》為《い》は違《い》法《ほう》です。　第２版

2021年10月15日　第１版第１刷発行
2024年11月15日　第２版第１刷発行

著　者――木谷　明
発行所――株式会社　日本評論社
〒170-8474　東京都豊島区南大塚3―12―4
電話　03-3987-8621（営業）―8592（編集）
FAX　03-3987-8590（営業）―8596（編集）
振替00100-3-16　https://www.nippyo.co.jp/
印　刷――精文堂印刷
製　本――難波製本
装　丁――図工ファイブ

ISBN　978-4-535-52815-4　　Printed in Japan